鲁直以平等观作欹侧字,以真实相出游戏法,以磊落人书细碎事,可谓『三反』。瑰伟之文妙绝当世,孝友之行追配古人。其诗超轶绝尘,独立万物之表。

黄庭坚故事

程效 著

江西人民出版社

图书在版编目（CIP）数据

黄庭坚故事/程效著. －－南昌：江西人民出版社，2016.5

ISBN 978-7-210-08533-1

Ⅰ.①黄… Ⅱ.①程… Ⅲ.①黄庭坚（1045-1105）—生平事迹—青少年读物 Ⅳ.①K825.6-49

中国版本图书馆CIP数据核字(2016)第124801号

黄庭坚故事

程　效　著

责任编辑： 王一木　李逃生
出版： 江西人民出版社
发行： 各地新华书店
地址： 江西省南昌市三经路47号附1号
编辑部电话： 0791-88612505
发行部电话： 0791-86898893
邮编： 330006
网址： www.jxpph.com
E-mail： 942867919@qq.com

2016年6月第1版　2016年6月第1次印刷
开本：787毫米×1092毫米　1/16
印张：11.5
字数：120千字
ISBN 978-7-210-08533-1
赣版权登字—01—2016—350
版权所有　侵权必究
定价：36.00元
承印厂：南昌市红星印刷有限公司
赣人版图书凡属印刷、装订错误，请随时向承印厂调换

前　言

　　发源于幕阜山麓的修河逶迤东流，绕群山而纳溪流，穿村庄而环集镇，汇聚成一条横贯赣西北地域，流经修水、武宁、永修三县，奔流达七百华里的泱泱大河。

　　从修水县城以西乘船溯流而上，航行过碧波荡漾的十里秀水，便抵达闻名遐迩的千年古村——双井。坐落于明月湾畔的双井村，缘于临河的两口并排的水井而得名。

　　居高远眺，村北的杭山连绵起伏，披绿叠翠；村南的修河汨汨流淌，清澈透底。江西诗派的开山宗师黄庭坚故居，就坐落在巍峨的杭山脚下，历来被人们称为"黄家堂屋"或"山谷故居"。

　　距今970多年前，北宋文坛一代巨擘黄庭坚，就诞生在山清水秀的双井村。正是这位当年"神童"的横空出世和他61年人生所铸就的辉煌，使双井这样一个原本默默无闻、偏僻闭塞的村落，一举成名天下知，至今仍是修水县一张烫金的历史文化名片。

　　透过历史的烟雨尘埃，从茫茫史海中寻觅山谷先生的一个个人生片断，在其生平故事每一个起承转合的节点，我们似乎都能清晰地听到或看到：一条亘古流淌的大河淙淙的水声或时隐时现的桨声帆影。这就是江西五大河流之一的修水。

　　山谷先生一生起点和终点与修河紧紧相依。他的人生起点在修水明月湾畔的双井。他生于斯长于斯，在这里度过了年幼入馆求学和以神童见称乡里的一段天真快乐时光，清澈的修河水滋养和抚育了他成长。历经人生的起伏，仕途的坎坷，晚年他客死广西宜州，其灵柩最后在两位生前好友的护送下，长途跋涉，水陆兼行，经陆路入分宁县境，从修河上游的一段下船，才回到双井故里，归葬于黄家祖墓之西。在他人生谢幕的终点站，

黄庭坚故事

山谷先生紧紧依恋着他深爱的慈母,长眠于依山傍水的故土,听松风,饮甘露,与双井宁静祥和的田园风光相依相伴,百祀千龄受人景仰。

山谷先生一生与"水"有缘。年幼时,双井的山流小溪、村中大若池塘和临河的钓矶,都留下过他读书的身影和玩耍的足迹。年少遇父丧,他随舅父从修河顺流东下,出烟波浩渺的鄱阳湖而转入浪潮奔涌的长江,平生第一次走出了故乡,走出了州府,抵达淮河之南的涟水游学。他在这里求学,在这里成家立业,后来他携发妻逆向沿相同水路返回故里,从一个不谙世事的少年成长为博学多才的青年俊彦。

到了青壮年时期,无论是参加科举考试、辗转各地做官,还是回乡探亲访友,从修水出鄱阳湖转长江,或者从相同路线逆向返回。这条相对固定或者说必经的人生主航线,他不知道来往奔波了多少回。在地图上搜寻他一生的行迹,在这段主航路线加长伸展的另一段,则是从扬州经大运河、抵汴水至大宋的京城汴梁。从第一次赴汴梁应试算起,他从东京沿这条水道南下北归的次数多得无法准确统计。印象最深的是他曾经从京城出发,三次渡过黄河,先后做过叶县尉、北京大名府教授、德州德平镇知监三任地方官。其间有一段小插曲:他在赣江之滨的太和(今泰和县)还做过一任"吏不悦,而民安之"的县令。在他任地方官这一时期,北宋中后期新旧党争愈演愈烈,虽然他政治上倾向旧党,但在任下层地方官时,对王安石新法中的"农田水利法",采取"择善而从"的态度,在自己管辖的县、镇,大力兴修水利,治理河道和加固护堤,力所能及地为百姓办了大量的实事、好事,被誉为"为官一任,造福一方"的好官。

山谷先生一生的坎坷与"水"有着剪不断、理还乱的联系。他出仕之初即遭受挫折,主要是汝水上涨而道路阻断,以至因为迟到而被上司拘禁,也许这与"水"有关的当头棒喝,在他一生中留下了难以消除的阴影。到了暮年,在尔虞我诈的官场,他两遭贬谪都与"水"相关。一次是主修的《神宗实录》中"用铁龙爪治水有如儿戏"的据实记载,被政敌攻击为"修史不实",他被贬谪偏远的巴蜀之地。在这七年之中,无论是艰难跋涉西入蜀川,还是后来遇赦东返,他的行迹大致在长江上游到中下游流域辗转徘徊,一度寄寓在江汉流域的州县。另一次他在江陵为人作《承天院塔记》的碑

前言

文，文中提到国家的财力不应过多消耗在建寺庙道观，而是应多花费在治理水涝灾害方面。不料又被政敌从文字上断章取义，罗织了一个"幸灾谤国"的罪名，朝廷革去了他的官身，放逐广西宜州。山谷先生不得不从江汉流域出发，经长江而入洞庭，渡过三湘之水，以及桂水、榕江，最后被羁管于龙水之滨的宜州，客死在城南一个狭小的戍楼里。

也许有人会说：水是生命之源。最早的人类祖先大多是逐水而居，故华夏大地上的古城老镇大都崛起于江河之滨。所以，黄庭坚一生的行迹与江河湖泊紧密相关算不上稀奇。然而，仅以他一生中的羁旅行役时段来统计，他借助舟船行走的时间总和，肯定超过了他在陆地行走的时间总和，这在有宋一代诗人中是不多见的。当人们读过山谷先生大批量的传世诗文作品后，无不会惊奇地发现：山谷先生的诗词创作，几乎是无"水"不出诗篇佳句，无江河不出诗词力作。诸如"落木千山天远大，澄江一道月分明"（《登快阁》）、"桃李春风一杯酒，江湖夜雨十年灯"（《寄黄几复》）、"四顾山光接水光，凭栏十里芰荷香"（《鄂州南楼书事》）、"可惜不当湖水面，银山堆里看青山"（《雨中登岳阳楼望君山二首》）、"阳关一曲水东流，灯火旌阳一钓舟"（《夜发分宁寄杜涧叟》）、"山泼黛，水挼蓝，翠相挽"（《诉衷情》）、"瑶草一何碧，春入武陵溪"（《水调歌头》），等等，都是历代诗词选本常选的名篇和人们交口传诵的名句。由此可以说，山谷先生出生在修河之滨，饮纯净的修河之水长大，水赋予了他先天艺术灵感，水浸润了他艺术的心田，溶进了他生命的血液，成为了他取之不尽、用之不竭的创作动力和源泉。

纵览山谷先生跌宕起伏的人生，无论是作为诗人、词人，还是作为官员，抑或被流放羁管，我们通过剪裁史料而串联起来的一个个动人的故事，都可以看到一个兼融儒、道、释的谦谦君子，一个正直儒士积极出世的政治追求与遁世相交织的心理积淀，都可以看到穷则独善其身、达则兼济天下的双向追寻，都可以看到天下兴亡、匹夫有责的使命感，都可以看到匡扶社稷、救济苍生的家国情怀。

山谷先生61年的人生，虽说不上是一个特别惊心动魄的过程。历史上如他这般才高八斗、贤良正直而仕途坎坷、沉沦下僚的志士仁人并不在少数；他所经受的年少丧父、两失妻室的惨痛和两遭贬谪的磨难以及客死异乡的结局，并非绝无仅有，但唯独他以豁达的襟怀和高尚的道德操守，赢得了很高的生前身后名，并以崇高的文学成就而被尊奉为"江西诗派"的开山祖师，身后享有尊崇无比的"文节公"谥号，还因"亲涤溺器"的孝母之举而被列名历史上的"二十四孝"之一。

仁者乐山，智者乐水。这是人们耳熟能详的一句名言。也许在山的博大和水的平静相比较中，我们更看重水的灵动和深邃。往事越千年，世事如流水，山谷先生一生与水结缘，可以说一如泾渭分明是其人生取舍的标尺；上善若水，流水不争，山谷先生毕生眷恋家乡那条母亲河，纯净如水是其人格的最高显示。

最后，不论你是否接受本书在讲述一个个鲜活故事的同时，穿插着对山谷先生及其文学创作成就作出的高度概括和评价，只要你静下心来，品读这些既可独立成篇，又可构成有机整体的一组组故事，徜徉在山谷先生诗文营造的浓郁艺术情境之中，你一定可以借助想象的翅膀，穿越岁月的时空，真正读懂山谷先生的人生情怀、理想追求、知识结构和生命印记，还可获得多方位、广角度和深层次的艺术感受，从而拉近与这位逝去900多年、杰出文学艺术大师的生命、感情和作品的距离。

目 录

一、童年：双井神童

2　书香门第　　　　　3　抓周吉兆
5　发蒙读书　　　　　8　一石投双井
11　甥舅初相知　　　　13　做客外公家
16　知慕少艾　　　　　18　年少丧父

二、少年：游学淮南

22　母子伤离别　　　　24　旅途长见识
26　栖身官衙　　　　　28　学业精进
30　拜识孙莘老　　　　32　洞房花烛夜
34　携妻返乡

三、青年：仕途蹭蹬

38　二夺乡魁 考中进士　42　荣归故里
43　赴任叶县尉　　　　46　痛失爱妻
47　升任国子监教授　　50　连任学官
53　苏黄订交　　　　　56　主政太和
58　爱民亲民　　　　　61　拂逆上司
63　中年得子

四、壮年：文坛扛鼎

68　北移德平　　　　　71　上任伊始
73　结怨赵挺之　　　　75　同僚反目

1

76	佳节思亲	78	晋京任史官
80	亦师亦友	83	风流黄太史
85	卷入政争漩涡	88	列名苏门四学士
91	襄助礼部试	94	苏黄唱和
99	宦海起波澜	102	党同伐异
104	政局变幻	106	难脱文字狱
108	师友杭州重逢	110	遭逢母丧
113	扶柩南归	117	待罪陈留
120	跋涉蜀道	121	谪居黔州
125	戎州安置	128	开破酒戒
131	获赦复官	132	儿大当婚 舐犊情深
134	文星陨落	138	放浪江湖
140	九日知州	142	流寓江汉

五、暮年：羁管宜州

146	远赴谪地	148	辗转路途
152	初抵宜州	154	兄长探望
157	范寥追随	159	忘年之交
161	生命终了	162	隆重葬礼
164	《家乘》疑案	167	魂兮归来

黄庭坚年谱简编

一

童年：双井神童

黄庭坚故事

书香门第

北宋庆历五年（1045）六月十二日，天幕初开，晨光熹微。从分宁县高城乡双井里黄家刚刚修葺一新的堂屋，传出一声悦耳的婴儿啼哭——一个新生命降生了。

这位初临人世的婴儿，是世代书香门第的黄家近年诞生的第二位男丁。正是这位新生儿，赶上了双井黄家人丁兴旺、诗书传承之最佳的一个时间节点。他后来跻身于宋代文坛一代宗师行列，厚重的家学渊源无疑是重要条件之一。

"老爷，老爷，喜得贵子，恭喜呀！"一夜没合眼的接生产婆，匆匆跑来西厢书房，给一家之主黄庶（字亚夫）报喜。

"多谢，多谢，有劳伯娘哦！"正在书房静候佳音的新生儿父亲黄庶，连忙取出赏银谢过产婆。那时的双井村百十号人家，几乎清一色的"黄"姓，出门无论碰上谁都沾点亲、带点故。

"要不得，莫客气耶！"笑逐颜开的接生婆一边嘴上推辞，一边又忙不迭伸手接过银子，然后转身即出了黄家，往邻村预约的下一家接生去了。

黄庶赶忙到上厢房给自己寡居的老母报喜。刘氏闻讯又添了孙儿，顿时高兴得笑从双颊生、半晌合不拢嘴。她一把拉着儿子来到屋内正堂，再次向供奉神龛上的马祖佛像作揖上香，口中念念有词地多谢佛禅显灵，保佑黄氏全家老小平安！

黄庶探望过顺产的夫人，又欣喜地抱了抱足月的白胖小子。招呼老管家张罗杀猪宰羊，备好花生、红蛋、彩饼、橘子等一应物品，还吩咐要尽快给四方亲友派发请帖，准备在婴儿出生第三天，按里俗大摆"三朝"酒宴。

"三朝"之后，接着是"满七、满月、百日剪发礼"等等，对于重礼仪、图吉利的黄家来说，一个都不能少，一样也没拉下。一连多日，黄家屋堂爆竹声不断，道喜的宾客络绎不绝。与黄庶为同科进士的知县周大人，也郑重其事带了随从、封了礼银来贺喜，忙得黄庶屋里屋外应接不暇。

人逢喜事精神爽的黄庶，一面连日主持摆酒设宴，乐滋滋地迎来送往；

一、童年：双井神童

一面不忘忙里偷闲，构思诗作佳句。到婴儿满月前一天，书房案桌上拟写的一首七言古风，总算有了更满意的起首诗句："都为主人尤好事，风光留住不教回……"

看来大户人家的弄璋之喜，不单是一个不轻松的体力活，还是一个费力劳神的脑力活。送走最后一批客人后，黄庶还想到要给黄家的第二个男丁，起一个称心如意的名字。

黄庶擅长诗文，有诗集《伐檀集》存世。对于庆历二年即已中进士的他来说，吟诗作对算是轻车熟路，起个小儿名字原本是小菜一碟，但为了慎重起见，他还是堂前屋后转了好几个来回，搜肠刮肚想了大半个时辰，才毅然拍板决定：按照几年前为长子起名"大临"的思路，仍选用"八恺"（八恺：远古时期的八名才子，即苍舒、隤敳、梼戭、大临、尨降、庭坚、仲容、叔达）的现成名称，给次子起名"庭坚"。

出自《左传》中"昔高阳氏有才子八人……天下之民谓之八恺"的记载，不用查书，黄庶早已烂熟于心。平日里与诗友谈文论道，还时不时把这压箱底的"珍藏"拿出来炫耀一番。后来不知何故？黄庶夫妇总共生养了6个男孩、4个女孩，在为一个个接踵而至的子女起名字时，除了用过一两次此备好的选项之外，并未全用"八恺"之名——对号入座。

接着给小庭坚取字时，他没再捏着胡子"掉书袋"，而是依本人的"偶像"崇拜，给小庭坚起字"鲁直"，小字"绳权"。期望次子黄庭坚，长大后能像真宗朝的名臣鲁宗道一样刚直不阿，将来通过科举登上仕途，光宗耀祖，兼济天下。

抓周吉兆

北宋时的分宁，流行一种幼儿年满一周岁"抓周"的风俗，以预测孩子的前程和性情。相传此习俗源自于三国吴主孙权选太子的故事，后来在江南地区民间逐渐推广开来。

小庭坚满周岁那一天，先是老祖母刘氏亲自给孙子佩戴上她赠予的一个银项圈、一对金手镯。然后，是由黄夫人李氏主持全家数十多人观摩的"抓周"仪式。

众人注视之下,面对桌面上排放的弓、矢、钱、刀、笔、书、纸、针、剪、脂粉、俎豆、丝线等众多物件,小庭坚抓起一支毛笔就不愿再放下。

"哇,又是一个读书做官的种子啊!"全家人见状,齐声赞叹。

此事引得在黄家帮厨的邻里老黄,回家后对着堂客和女儿玉兰,不免都要嘟噜上几句:"穷人有种,富贵有根,人比人气死人咯!"

双井村坐拥修河一弯秀水,背靠连绵起伏的杭山,是一个依山傍水的秀美村庄。从这里无论是乘船行水路,还是沿河岸走旱路,到分宁县城均是10余里之程。

若干年前,黄家烈祖(六世祖)黄瞻曾为官南唐分宁县令,后为避战乱率一支族人由婺州金华(今浙江金华)迁入此地。不知何故,到第四代黄湜,亦即黄庭坚祖父这一辈,也许祖坟风水好得冒烟,人丁特别兴旺。三房同族兄弟排行多达13之数,而且个个智商高得出奇,文章诗书一点就通,其中10人先后考中进士,号称"十龙及第"。据说,北宋一朝,包括黄家直系的13名进士在内,这里共走出了48名科举进士。

当时的黄家虽非大富大贵之家,但经历世繁衍生息,到大临、庭坚这一辈已是第六代。好几代数十人相继为官,乌纱帽和朱绂凑起来一间房子都放不下。由此看来,双井黄氏一门,总体上可算亦文亦官和衣食无忧的殷实之家。

黄家世代好学尚文,诗书传家,有足够维持一大家吃用的田产,还雇佣三四个丫鬟和五六个短工。在历来以"官"划等级、论成败的国度里,双井黄家绝非钟鸣鼎食的世宦大族,但在全县仍是公认的第一家庭,知名度早已冲出分宁,走向了州、府。用当年一位邻家老翁的话说:"只要当家人黄庶在双井跺一跺脚,十里开外的县城也得抖三抖啊!"

也许小庭坚"抓周"给黄家带来了好运气,好事双双不期而至:

一是后来成为北宋名臣的分宁何市人徐禧(字德占),迎娶了黄庶的侄女为续弦之妻,也就是小庭坚的堂姐黄二姑。当时的分宁县境最为有名的两个官宦人家结成了姻亲,在山高皇帝远、地理位置相对边远闭塞的分宁,显然有着一加一大于二的轰动效应。

一、童年：双井神童

修水县城即景

二是当年底接到官方文书，卸任长安县主簿半年有余，在家候补官职的黄庶递授凤翔府曹掾（主官属吏）。喜得贵子之后，接着官升一级，对于熬过十年寒窗而入仕的黄庶来说，无疑是双喜临门。他快意地打点行装，准备开年即远赴职所上任。

临行时，黄庶把一家大小事务清点托付给黄夫人，又拿出一本三世祖中理公（黄中理，黄庭坚的曾祖父）订立的《黄氏家规》交给李氏，再三嘱咐说："吾黄门家规20条，历三世相传。要而言之即孝、仁、礼、义、敬五个字，望夫人以此为教子之道。切记，切记！"

黄庶虽然长年离家在外，却是十分重视对后代的培养教育。昨天，他还教过咿呀学语的小庭坚看图识字。认为此子聪颖过人，将来前程未可限量，并作《教绳权学书偶成》诗一首以纪其事。诗中对次子的怜爱和期待，跃然于字里行间。诗曰："文字有缘曾弄墨，见来官小免咨嗟。喜将笔砚传生计，不失诗书作世家。"

发蒙读书

黄庭坚天资聪颖，幼时早慧，传说读书一目十行，看过两三遍就可背诵。遵照黄庶写来家书的嘱咐，小庭坚5岁时，开始与哥哥黄大临（字元明，号寅庵）一起上村里的私塾读书，接受以《诗经》《论语》《弟子规》《千字文》为主要内容的启蒙教育。

有一天在课堂上，听老师讲解所谓"五经"之一的《诗经》之后，入学前已熟读《诗经》的黄庭坚，突发奇想地问塾师道："老师，不是说有六经吗？"（六经：《诗》《书》《礼》《易》《乐》《春秋》的合称）老先生摸着胡子、故作高深地回答道："通常说《春秋》不算经。另有《乐》书已佚，只称五经之说。"

放学回家后，读书好求甚解的小庭坚拗劲上来了，找来一本《春秋》穷啃猛读。一个月后，对有些主要篇章，竟能倒背如流，学馆众人无不感到惊奇。有位年长些的同学发言道：据说黄鲁直一岁时抓周就有预兆，孔圣人不是说学而优则仕吗？我看一定会应验在他身上呢！

小庭坚练习书法不久，一手楷书就写得有模有样，又令启蒙老师赞叹不已："神童也，这孩子将来即使不功名显达，也能以书法笔墨扬名天下。"

有一年的清明节后，春山鸟啼，新天雨霁；河堤上莺飞草长，竹筱交阴，山花烂漫，春意盎然。

私塾先生带着10多个学生，沿着大若塘边的小道来到河岸踏青。望着明月湾的一泓碧水和河岸上农人春耕的景致，老师若有所思，吟出一首七绝："农家四月耕耘忙，山接斜阳水接光。春播秧苗千万垄，夏收黄金谷满仓。"

老师故作姿态地摇头晃脑，反复吟咏自己事先差不多打好了腹稿的得意之作。在自我欣赏和陶醉之余，还问学生们："谁能学老师的样，即眼前之景，拟作一首绝句？"

眼见年龄大些的同学均摇头表示不行，年仅7岁的黄庭坚望着远处小桃源有一牧童在放牛，还悠然自得地吹着竹笛。小脑袋一转，稍加思考，即大声吟出一首：

骑牛远远过前村，短笛横吹隔陇闻。
多少长安名利客，机关用尽不如君。

"好诗，好诗，黄鲁直真了不起！"小庭坚话音刚落，同学们齐声拍手称赞。

"不错，不错，真的不错，古人言师不必贤于弟子，今可信乎？"老师

一、童年：双井神童

也忍不住连声称赞弟子。

在返回学馆的田埂小路上，老先生牵着小庭坚走在队伍的最前列，师生一路高兴而风趣地有问有答。

先生问："信口成诗，小子实属不易。"

弟子答："才疏学浅，先生多予指教。"

先生曰："你的诗，前两句写景状物，有唐诗风韵，后两句也不错，但出于学童之口，稍嫌老于世故。"

弟子答："弟子谨遵教诲。"

先生问："一首好诗须有好题，犹如好马配好鞍。你的诗拟好题目了吗？"

弟子答："弟子先已想好，名之为《牧童》，怎么样？"

先生回应："善哉，题目与内容非常切合。"

老师与学生联手，演绎了原创于孔子的"启发式问答教学"的经典片段。

夕阳落下去后，依山傍水的双井渐趋宁静。山坡、河岸之间各家农户的炊烟袅袅升起，整个村落便笼罩于轻柔的烟雾之中。

一弯新月初上树梢，映照着荷塘水波晃动；此起彼伏的蛙鸣虫吟，偶尔几声人语和狗吠，更显示出春夜乡村的安谧与闲适。

学馆灯下的老师如往常一样，一边用朱笔批改学生的作业，一边若有所思地想着心事。对于学业精进的黄氏兄弟，秀才出身的老先生，越来越感到力不从心，特别是小庭坚课堂上质疑经书的一些提问，使老师往往不能在课堂上当面解答，时常羞愧得面红

黄庭坚雕像（摄影：戴祥福）

· 7 ·

耳赤，让他觉得脸上无光。尤其是执掌学馆第二年的一天，他发现了小庭坚题为《送人赴举》的一首七绝：

青衫乌帽芦花鞭，送君归去明主前。
若问旧时黄庭坚，谪在人间今八年。

年仅8岁的童子志向远大，私塾先生非常吃惊。他给黄夫人李氏留下一封"二公子天纵之才，日后前程不可限量，老夫才疏学浅，不足以称其师，望另择名师指点"的书信，即不辞而别。

一直牵头操办村学的黄家，只好另请一位考过贡举的年轻老师来主持学馆。

一石投双井

有一年的金秋时节，天高云淡，丹桂飘香。村民们忙着割晚稻、摘油茶，辛苦劳作之余，也享受着丰收的喜悦。

一天放学之后，黄庭坚与一班同学手拉手，唱着歌来到田野里玩耍。大家拾稻穗、捉蜻蜓、捕青蛙、放风筝，玩得不亦乐乎。

天边夕阳西下，意犹未尽的孩子们又来到村南的双井河边玩耍。嬉戏打闹多时，大伙儿都累得汗流浃背。小庭坚与几个小伙伴脱甩下衣服，赤裸着跨上横卧河边一棵老枯树，扑通、扑通地跳入河中。不料秋水冰凉，游了不一会儿，一个个冻得嘴唇发紫，直打哆嗦赶忙爬回岸上。

黄庭坚招呼小伙伴捡来些干树枝和杂草，试着用两块打火石互相敲击擦出的火花，点燃起一堆篝火。大家一边围着火堆取暖嬉戏；一边谈天说地讲故事。

"我听村里老翁说，河边的双井是河神的两只眼睛，谁能用一块石头同时投中两口水井，叫做二龙戏珠，谁今后就能中进士做大官呢！"一个年龄大点的孩子对伙伴们说道。

"哎，伙计们，我先试一下！"一个急性的孩子随地捡起一鹅卵石就扔了出去，结果只在上井激起了几圈水花，下井却波澜不兴。

一、童年：双井神童

"哎呀，不行，不行呀！"接连有两个小孩扔石头试了试，都没有办法做到一石投二井。

其余小伙伴见状都犯了难。不一会儿，只见一个叫胖伢崽的，拿着一块石头在硬地上砸成两半，然后握在右手一同扔出去，结果两块在空中分开的石头几乎同时落在上、下井里。

"我扔中啦，扔中啦！"得意地胖伢崽又跳又叫。

"喂，不对呀！你把一块石头分成两块，就成两块石头了，怎么能算是一石投双井呢？"在一旁冷静观察和思考一阵后，黄庭坚走过来对胖伢崽说道。

"看我的吧！"说罢，他在地上挑了一块又圆又薄的石头，侧着身将石头低平着发力扔向双井，只见石头在下井溅起一圈水花后，又顺势跳起而落入上井之中。

采用以往自己曾玩过的"打水漂"的方法一石击二井，小庭坚成功了。

"哦，哦，黄鲁直了不起，黄鲁直顶呱呱！"大伙儿齐声拍手称赞。

余兴未尽的孩子们在河边欢呼跳跃，不时拣起河滩上薄而圆的石头，学着黄庭坚刚才的姿势，抡直了胳膊用力甩向河水中，只见碧静的水面被激溅起一圈圈前后相继的涟漪，交织着水花在河水中翻涌。孩子们稚嫩的欢声笑语伴着微风，一蹦一跳传向双井的四野。

一石中双井的游戏之作，也许在小庭坚内心起了某种暗示作用。从此，天赋过人的黄庭坚，更加发愤刻苦读书。除了学馆上课外，课余自学也从未间断。久而久之，少年黄庭坚学习成绩出类拔萃，成了远近乡村人家教子读书的标杆。谁家孩子读书不用功，家长们时常挂在嘴边的一句话就是："喂，看看人家黄鲁直！"

少年黄庭坚逐渐养成了在书房掌灯下边读书、边写字的习惯。他认为读过的经典诗书，通过书写可以加深理解；而反复书写读过的东西，又可加深阅读记忆，特别是脱稿默诵书写，既有利于把书读开窍，又有利于提高书法技艺。

"闻鸡凭早晏，占斗辨西东。"少年黄庭坚也喜欢早起到屋外晨读。无论是村北鸟雀啼叫的古松下，还是村中大若塘边的幽静小径；抑或是村前

黄庭坚纪念馆雕像（摄影 戴祥福）

明月湾的钓矶，还是村西桃李成林的小桃源，都成了他读书的好去处。不长时间内，他把家中近千册藏书几乎读过了；陶渊明、李白、杜甫的诗歌名篇更是背得滚瓜烂熟。日积月累，黄庭坚孩提时的才学，自然达到了与他"神童"之名相称的水平。

"须期燕骨千金价，莫动黄陂万顷澜。"这是黄庶手书并悬挂在家中书房的一幅对联。年逾10岁时，黄庭坚加深了对这一取材父亲诗作之对联的理解。为此，他给自己制订一个三年学习计划，说是要把能借到的县城藏书阁全部藏书，以及家族学馆中现存的经典诗书及经史子集，全部阅览通读一遍，并做下详细的读书笔记。以待父亲任官三年期满回家时，对自己的学有所长、学有所获刮目相看。

为方便就近往县里藏书阁借书还书，在中过进士的叔父黄廉的帮助下，他寻得分宁县城对岸的南山崖为读书之地。三年之间，他每月初都会带上一大箱生活物品，乘上村中摆渡老梢公的小船，从双井顺流而下，抵达南山崖闭关读书。有时也会邀请二三好友在此结伴一游。每次读书、游憩时间约为一周。三年之中，除遇上修河汛期涨洪水之外，几乎是月月如此，从未间断到南山崖读书学习。

南山崖与县城隔河相望，树木参天，翠竹成荫，环境优雅，风景如画。少年黄庭坚在所作的《溪上吟》的诗序中，曾这样描述过自己在双井和南山崖的读书生活：

……从以溪童、稚子、哇丁三四辈。茶鼎酒瓢，渊明诗编，虽不命戒，未尝不取诸左右。临沧波，拂白石，咏渊明诗数篇，清风为我吹衣，好鸟为我劝饮。

后来黄庭坚考中进士而步入仕途，写过一首与南山崖相关的《题新妇石》的五言短诗，称赞这里名为"新妇"的竹子石压而不弯的品质。再后来黄庭坚成为天下闻名的大文豪，他儿时的读书之地——南山崖，被后人开辟为山谷公园暨黄庭坚纪念馆，成为驰名遐迩的七百里修江第一山。

甥舅初相知

分宁双井出了个神童的消息不胫而走，时任江州通判的舅舅李常（字公择）来探个究竟。舅舅见外甥房中书架上堆放了不少经史典籍、蒙学读物，于是随意抽出几本考问他。让舅舅惊讶的是：小外甥不仅大多能诵读，而且还有些自己独到的见解，不由得连声称赞小庭坚为："一日千里之才，将来前程远大。"

李常二甲进士出身，博学多才。见到小外甥如此聪明伶俐，打心眼里喜欢。当晚索性就下榻外甥的房中，一大一小同枕共眠，谈天说地聊了大半夜。

第二天一清早，为了进一步测试外甥才学，李常舅舅又邀小庭坚在屋前地场散步。见黄家庭院外的一棵老桑树长得枝繁叶茂，心念一动，出一头尾顶真上联，请外甥对答：

桑养蚕，蚕作茧，茧抽丝，丝织锦绣。

在舅父的注视下，黄庭坚转转小眼珠子，略加思索，即对出了下联：

草藏兔，兔生毫，毫扎笔，笔写文章。

"对得好，妙对！"李常心中暗叹，小子果然才思敏捷。于是奖励他一支名贵的狼毫毛笔。小庭坚得了好笔，联想到好笔要有名砚相配，才算是实至名归。于是，又一与"文房四宝"相关的下联脱口而出：

土包石，石凿砚，砚研墨，墨舞龙蛇。

李常不住点头称是，又送给小庭坚一方端砚。并笑问外甥：九郎（黄庭坚在家族行第中排第九，故又称黄九）才尽否？若仍依此上联而拟出第三个对仗工稳的下联，舅舅奖励你半颗李承晏墨丸。

李承晏墨丸可是宋朝皇宫里专用的墨，号称一丸难求，百金不售。黄庭坚只听父亲说起过一次，他当然十分想得到贵重的皇家墨丸。

在舅舅的注视下，外甥沉思片刻，不停地挠头，仓促间实在再想不出合适的第三联。个性好强黄庭坚不愿服输，他一边执意拒接舅舅递过来的墨丸；一边掷地有声地说道："我有了好笔名砚，纵然无佳墨，也能写传世书法！"

李常内心暗自嘉许外甥的志向，同时又担心他年少轻狂，就故意折他锐气地说道："山外有山，天外有天。你想写出传世书法，谈何容易哟！"

11岁的小孩儿黄庭坚涨红了脸……

江西修水黄庭坚纪念馆——溪山自在楼，为少年黄庭坚读书游玩之地

一、童年：双井神童

舅舅的这一激将法果然管用。从此黄庭坚更加勤学苦练书法，每天书几纸，兴来百纸尽，寒暑不废用功。据说他写字的时候有个甩毛笔的习惯动作，墨水甩到书房窗台外，久而久之，靠近窗台的几棵幽竹俱黑。若干年以后，新长出的竹子也是墨黑色的。后来黄庭坚号"山谷道人"，成为宋代四大书法家之一，对于双井村、修河旁到处生长的一丛丛黑油油的墨竹，分宁人口口相传为"山谷竹"。

自从亲自到分宁姐姐家面试过小庭坚的才学后，李常开始对这位有神童之誉的外甥另眼相看，调教、悉心指点和爱怜有加。除了几次到分宁探望、面对面地指导之外，平时一有空闲就给黄庭坚写书信，开列必读书目清单，指点他循序渐进读书和习作；同时把自己熟识的当世诗文名家的作品寄给他学习参考，并通过书信往返，一一解答小庭坚提出的各种疑难问题。后来黄庭坚诗歌走的是"以书本为诗、以学问为诗"的路径，崇尚学习陶渊明、杜甫，除家学渊源外，与他年少时受舅父李常的影响不无关系。

做客外公家

黄庭坚长到12岁时，父亲一直在外做官，路途遥远，回家的次数不多。黄庶历官一府三州佐吏，长期沉沦下僚，官场并不如意，但对子女的读书学习十分关注，特别是对其寄予厚望的次子黄庭坚的要求就更高。除了在家书中频频提到和叮嘱之外，回家休假时的悉心指点、言传身教是必备的科目。

当年双井黄庶迎娶建昌大家闺秀李小姐，曾在江南西路传为才子配佳人的一段佳话。婚后夫妻十分恩爱，陆续生养了六子四女。老大元明、老二鲁直之下，还有三弟叔献（字天民）、四弟叔达（字知命）、五弟苍舒（字迪安，早殇）、六弟非熊（字仲熊），以及四个妹妹（后来大妹嫁南康进士洪民师，二妹嫁眉州进士陈榘，三妹为太学生王纯亮妻，四妹为里人张埙之妻）。

去年黄庶时来运转，朝廷除授其康州（今广东德庆）通判摄知州之职，即是以二把手之身，代行暂空缺的一把手之职。虽然康州远在岭南蛮瘴之地，但好歹也是主政一方的大员。原本对做官有些心灰意冷的黄庶，不得不"食贫自以官为业"，在家小住一段时日后，还是振作精神远赴岭南上任去了。

丈夫长年在外，夫妻聚少离多。面对人口众多的大家庭，吃饭人增多，消费随之增大，入不敷出，难免有拮据之时。独自主持家务的黄夫人李氏顿感生活压力重大，不得不尽量节省开支，精打细算过日子。好在五双儿女环绕膝下，个个聪明伶俐，给了她疲惫和忧郁的身心不少慰藉。

学馆放假时，只要一有空闲，大家闺秀出身的黄夫人会带着小庭坚及几个弟妹回娘家。黄庭坚的外公李东是建昌军（今江西永修县）的知名员外，早年曾做过一任县尉，后父以子贵，被朝廷赐封为金紫光禄大夫。

外公家是当地首屈一指的富家大户，有一座很大的庄园。儿时的黄庭坚最喜爱到外公外婆家做客，每次都是乘兴而去，满意而归。

随母亲去外公家，从双井乘帆船顺修河东下，四五个昼夜即可抵达。沿途群山连绵，水势起伏，清波碧浪，婉转萦回，景色迷人。母亲还会给他们讲很多好听的故事，让孩子们一路上兴奋不已。

聪明过人的小庭坚特别受外公、外婆的宠爱，有点好吃的好玩的，二老总是习惯先叫上"九郎！"玩各种游戏也多由黄庭坚出主意，兄妹们每天在堂前屋后，捉鸟、抓鱼、爬树；玩捉迷藏、斗蟋蟀、淹蚂蚁的游戏，唧唧喳喳之声不绝于耳，听得二老成天笑意挂在脸上。

孩子们在外公家生活得非常惬意，比在双井家中早晚读书习字快活有趣多了。白天三餐有各式美味佳肴，玩到晚间还有香喷喷的夜宵吃。每回慈祥的外婆还会给兄妹们每人做一套新衣裳。小庭坚和弟妹们都争着要到外婆家去，每次都盼望母亲能带上自己。只是心挂两头的母亲来不多久就想着要回双井，他们才不得不与外公、外婆二老依依惜别。

少年黄庭坚特别喜欢外公家浓厚的文化氛围。外公家有三个舅舅和两个姨娘，均能文、擅画、善诗、通音律和工词。当然，与他最谈得来和最亲近的还是二舅李常。如果运气好，碰上博学多才的公择舅舅在家，会借很多好书给他看，并给他讲解经书及诗歌声律、音韵方面的知识，特别是讲述杜甫和陶渊明的诗歌，往往令他听得入迷，觉得受益非浅。

有一年放消暑假期间，李常还带上黄庭坚到江州游玩了好几天。舅甥

一、童年：双井神童

江西修水双井黄庭坚故居——高峰书院

俩游三国周瑜烟水亭点将台，登有名的浔阳楼览湖光山色，还上了著名的风景名胜之地——庐山。

少年庭坚参观了舅父设在庐山五老峰白石庵（世人称为"李氏山房"）的藏书屋。苏轼曾作《李氏山房藏书记》记述其事，并题《约公择饮是日大风》诗云：

先生生长匡庐山，山中读书三十年。
旧闻饮水师颜渊，不知治剧乃所便。
偷儿夜探赤白丸，奋髯忽逢朱子元。
半年群盗俅七百，谁信家书藏九千。

黄庭坚看着排列整齐的9000多册藏书，他觉得眼界大开，放下那一本，拿起这一本，每本都是爱不释手，如饥似渴地翻看起来，根本无暇观赏庐山秀甲天下的风光美景。李常见状即挑选一些孤本珍藏，让黄庭坚带回双井精研细读。诸如此类，对于他从小打下扎实的学问根基起到了十分重要的作用。

此次江州之行，是他出生以来头一次走得比县上更远，游览比县城更大的城市，黄庭坚毕生难忘。后来中了进士做了官，他曾经多次上庐山旧

黄庭坚故事

地重游。有一次写下了《题落星寺》诗四首和应秀峰寺住持之邀而撰写了著名的《七佛偈》。另一次为了缅怀英年早逝的父亲，他将父亲黄庶的《大孤山》《宿赵屯》两首名诗，书写刻石于落星寺，使之成为名噪一时的匡庐文化一景。

知慕少艾

父亲长年在外为官，主持家务的黄夫人教子有方，黄氏众兄弟姊妹个个知书达礼，读书上进，一大家人和睦相处，其乐融融。

黄庭坚不仅读书习字勤快，而且对待别人特别友善。当时，前面提到过的在黄家帮厨的老黄，经常带着女儿来黄家干活。黄厨子的女儿玉兰14岁，年长庭坚两岁，人长得小巧玲珑，红扑扑的漂亮脸蛋，梳一根长长的大辫子，特别招人喜爱。

少年黄庭坚与玉兰姐似乎很投缘，两人时常在一起玩耍，好得形影不离。有一天，黄庭坚在书房写字，玉兰在旁磨墨。久之，有些困倦的小玉兰竟然头一歪就在书桌上睡着了。调皮的黄庭坚见状，用毛笔把她的脸画成了一个大花猫。玉兰醒后并没有觉察，走到堂前引得黄家兄妹捧腹大笑。

江西修水黄庭坚纪念馆门楼（戴祥福 摄）

· 16 ·

一、童年：双井神童

当众出了丑的玉兰给气哭了，发誓说再也不理黄庭坚了，可是二三天后两人即和好如初。

有一次，黄庭坚放学回家，看到村中池塘荷叶盛开，莲花飘香，触景生情，他想起屈原《楚辞·涉江》中"制芰荷以为衣兮，集芙蓉以为裳"的诗句。于是，他突发奇想地用柳条和荷叶缝制成一件荷衣，悄悄叫来玉兰，把漂亮的荷衣给她穿上，还在她的头上插上一朵鲜艳的莲花。然后，两个情窦未开的小朋友，煞有介事地玩了一把新郎、新娘入洞房的游戏。若干年后，任太和县令的黄庭坚似乎还对此事记忆犹新，在其诗作《赣上食莲有感》中回想写下"……安得同袍子，归制芙蓉裳"的诗句。

又有一次，小玉兰在厨下帮着洗碗时，不小心打破了庭坚祖母刘氏吃饭专用的"福寿碗"。因怕被火暴脾气的厨子父亲责骂，吓得躲在灶下偷偷哭泣。正巧来看玉兰的小庭坚撞见后，急中生智，赶忙一把拉着玉兰就往镇上跑。二人跑进镇上的瓷器店，小庭坚掏出自己的零用钱，买回了一个同一模样的碗来替换，并不声不响地蒙过了厨子和家人。

"怎么旧碗变成了新碗呢？看来二弟还真有办法。"大哥元明看出了其中有蹊跷。

"是呀，还是玉兰姐有面子，二哥新买来的呢！"唯一知情的黄大妹一语道破玄机。

此事被更多弟妹们晓得后，大家你一言我一语，笑他们的二哥年纪不大就懂得怜香惜玉，说是现在就"知慕少艾"，将来恐怕真的要娶玉兰做堂客，说得黄庭坚很不好意思，脸上红一阵白一阵的。

不过，小庭坚与玉兰的童真友情确实非同一般。到后来他中了进士和封了官，衣锦还乡时，还特意登门看望了他这位已为人妇的玉兰姐。在得知她在夫家靠卖凉粉冻（凉粉冻：分宁消暑的土产小吃）艰难度日的状况后，记念旧情的黄庭坚，送给玉兰20两纹银作见面礼的同时，挥笔就在她家的凉粉冻摊位上写下"双井特产凉粉冻"，落款是"黄庭坚题"四个大字。再后来黄庭坚书法名闻天下，瞻仰和收藏山谷书法真迹成为一时风尚，玉兰家的生意因此日益红火，并因打出黄庭坚的书法招牌而发家致富。这一段另类"英雄救美"的风流佳话，至今还在山谷家乡流传不绝。

黄庭坚故事

年少丧父

  转眼间过去了两年，黄庭坚长到14岁，个头直追18岁的哥哥黄大临。孩提时的黄庭坚聪明、天真、活泼，喜好读书，也有些任性顽皮，为乡里人见人夸的神童。在家人的呵护下，过着那时乡村人家自由自在的洒脱生活。

  分宁是南宗禅重要传播弘法之地，境内黄龙寺为著名的禅宗"五宗二派"之黄龙派祖庭。黄庭坚的祖母刘氏长年奉佛参禅，除在家中正堂焚香礼佛外，还不时到分宁有名的云岩寺、兜率寺上香祈愿，而且每次都带着小庭坚前往，使之从小耳濡目染，一生与禅佛结下了不解之缘。可惜"福寿碗"事后不久，刘氏染病而逝，享年73岁。因其子黄庶、黄廉均是现任的朝廷命官，刘氏按宋制被追封为"仙塬君"。

  那一年（1058）的一天凌晨，一阵震耳的马蹄声打破了尚在睡梦中的双井村的宁静，驿卒快马传送来了黄庶病殁康州任所的报丧官文。突如其来的噩耗，犹如晴天霹雳，黄家顿时哀声一片，全家老小都沉浸在无比悲痛之中……

  黄庶英年早逝，双井黄家举门发丧吊孝。孝子之一的黄庭坚难忍失去父亲的悲哀，但面对痛不欲生的母亲，他与兄长黄大临都不敢放声大哭。因为他们知道父母是恩爱夫妻，彼此曾经有过"不求同生，但求同穴"的约定，他们忧心母亲承受不住这无比沉重的打击。

  按分宁由来已久的丧葬习俗，人未满花甲而客死异乡，遗骨得迁归故里，以免为孤魂野鬼而来世不得超生。黄庶一向为官清廉，平日以微薄俸禄勉力维持家计，几乎没有留下任何遗产。此时的黄家既无力也无钱去迎回远在岭南的灵柩。

  在叔父和舅父等亲友的帮助下，他们在双井祖墓地里为父亲立了一座衣冠冢，以安慰中年失偶的黄夫人李氏，也便于全家就近祭奠，算是尽全力为一家之主黄庶治丧。

  家中顶梁柱的轰然倒下，使原本就不宽裕的家庭境况，如雪上加霜而每况愈下。母亲黄夫人因为悲伤过度，每天精神萎靡，神智恍惚，看来短

一、童年：双井神童

时期难以恢复过来。为此，年少的黄庭坚与兄长黄大临私下相商，要主动为母亲分担一些家庭生活重担。

18岁的长兄元明在父亲过世后，成为了黄家的实际掌门人。黄庭坚从小与兄长一同入学读书，深知大临一心向学，能诗善文，现在因家境所累，暂时放弃了参加乡试中举的机会。他一直很敬重善良忠厚的兄长，也学着协助大临料理一些家务。

原本搞不清何为"开门七件事，柴米油盐酱醋茶"的兄弟俩，开始尝试管理一些家中日常事务。兄弟俩还不无忧心地想到：父亲过世之后，全家40多口人，上有老，下有小，每天要吃要喝，有限的田产地租入不敷出，如不尽快想出可行办法，一大家

修水双井明月湾（摄影 戴祥福）

人往后连基本的生存都会成问题。然而思来想去，眼下最可行的办法只能是尽量节衣缩食和向亲友们少量借贷维持生计。对此，黄庭坚后来曾回忆说："老夫往在江南贫甚，有于日中而空甑无米炊时。"（《书药说遗族弟友谅》）又说："某少孤窭于衣食。"（《答李几仲书》）

为减轻家中吃饭人多的负担，更重要的是让正在发育长身体的庭坚及三弟叔献，有一个更好的成长、读书和将来求取功名的环境，众人商定并经黄夫人李氏的同意，决定黄庭坚随舅父李常就养游学；三弟黄叔献则由叔父黄廉（字夷仲）暂为收养，并辞退了家中的几个佣人和短工。由于叔父和舅父的鼎力相助，兄弟姐妹们团结一心，同舟共济，可以说是双井黄家度过了远祖迁居分宁以来最大的一次危机。

二

少年：游学淮南

黄庭坚故事

母子伤离别

宋嘉祐四年（1058）三月，李常由江州通判调任宣州观察推官，回故乡省亲期限将满之际，从建昌到分宁接外甥黄庭坚随他赴任所。

自古多情伤离别。这是黄庭坚生平第一次阔别家乡和远离亲人。在临别的前一天晚上，母亲黄夫人李氏捡点好儿子出外所需的衣服、鞋袜等物品，又拿过一把珍藏的折扇，先在扇子的一面画上一幅墨竹，然后用小楷在另一面抄写上自己早年所填的一首《浣溪沙》：

无力蔷薇带雨低，多情蝴蝶趁花飞。流水漂香乳燕啼。
南浦魂销春不管，东阳衣减镜仙知。小楼今夜月依依。

黄夫人叫过黄庭坚，将这把扇子作为纪念礼物送给即将远行的儿子。从此黄庭坚将这把书写有母亲画作和词的折扇，天天随身携带，可谓是扇不离身，身不离扇。

次日清晨，一夜未成眠的黄夫人，亲自下厨给儿子和二弟做了一顿特别丰盛的早餐，有鸡、有鱼，还有黄庭坚特别爱吃的竹笋炒腊肉。饭菜飘香，

二十四孝图中的黄庭坚

· 22 ·

二、少年：游学淮南

撩人食欲，但是，几次瞥见母亲在厨下暗自落泪，儿子实在是食之难以下咽。

"好乖崽，路远迢迢，得吃饱饭呀！"母亲给儿子不停地夹菜添饭。一直盯着儿子和弟弟吃完早饭，才叫来丫鬟收拾碗筷。

"姆妈，今天做的饭菜真好吃，儿吃得饱饱的。姆妈，等下你别送，一路有舅舅关照呢！"黄庭坚故作镇静，他不愿看到母亲过于伤心。

"儿行千里母担忧，哪能不送送我的乖崽呢？"黄夫人说罢，泪水禁不住夺眶而出。

"阿姐呀，你放心，小弟会照看好九郎的。"李常再次劝说姐姐道。

临出门，黄夫人又整理一遍儿子的行装，然后一路泪如雨下地将甥舅俩送上已起帆的航船。

早晨的明月湾，水汽迷漫蒸腾；顺风顺水的航船缓缓离岸后，渐行渐远。

黄庭坚转过头来，依稀看到母亲、哥哥，以及几个弟妹的身影还木雕似地立在河岸码头上，他情难自制地跪倒在船头，对着远处的母亲身影放声大哭。直至帆船抵近分宁县城，舅父才把哭成泪人似的黄庭坚搀扶进了船舱。

帆船划过10余里的水面，眼看抵近县城东面的旌阳渡。见黄庭坚的情绪渐趋稳定，李常指着矗立河岸的旌阳山告诉外甥：晋时濮阳（今属河南）人吴猛，年少时以"恣蚊饱血"孝顺而知名，后来任西安（宋称分宁）县令，因避战乱在此地隐居修行，得道后称大洞真君，成为西山许真君的授业之师，以传道家三清法要而名闻天下。

听罢舅父讲的故事，黄庭坚动情地说："前些年小甥在附近的南山崖读书，听人说起过大洞真君。他8岁时为让父亲安睡而让蚊子叮咬自身的孝顺之举，感天动地，当为我辈学习效法的楷模。"

一路山环水转，帆船顺流而行。李常谈兴甚浓，又告诉外甥："晋朝时，分宁称西安，县城不在现今的义宁，而是在与你家双井仅一山之隔的王田里。到唐德宗时，分治武宁县以西八个乡为一县，分宁县即据此而得名。"此外，还给外甥讲了许多有关修河的民间传说故事。

黄庭坚是人在船中，心中却无时无刻不挂念着母亲。正是从伤别离的这一天开始，他暗暗发誓：游学学成归来后，在母亲有生之年内，决不再离开可敬可亲和生养自己的母亲,一定会对含辛茹苦、操劳半生的母亲尽做儿子的孝道。后来他在给友人的信中回忆说:这是他平生第一次背井离乡,也是最为刻骨铭心的一次离别,痛苦之深实难以言状。

旅途长见识

古时的长途旅行费时日久,为减轻两足奔波和负载行李的劳累,通常有水路便不走陆路,行到水尽处才不得不走陆路。如此水陆交替行进,日行不过四五十里。如路途中遇上起大风或暴雨,不是避居船舱,就是暂歇馆驿,有时还不得不投宿乡村野店。滞留时间少则一两天,多时十几天也是常事。分宁民谚所谓"生来三分食住行,奔劳行走占两分",就形象地道出了这种古人难免的旅途奔波之艰辛。

李常携外甥一行乘帆船换江舟,或者坐竹轿转行陆路,一路穿州过府。他们沿途游览山水景致,停船访友和投宿探亲。一面不紧不慢地赶着路,一面流连于山水之乐,走着走着,也许就走出了诗的艺术灵感。在舅父的言传身教下,黄庭坚有感于沿途所见所闻,试作了《临河道中》《读谢安传》等10余首可圈可点的诗词,其中《翌日阻雨次前韵》一诗不失为此行的佳作:

> 愁云垂垂雨淫淫,野馆重赋思归吟。
> 老农那问客心苦,但喜粟粒如黄金。

开初船抵江州时,因李常曾任本州通判,一班官员接待就格外殷勤。一连几日,白天是酒楼茶肆品山珍、吃海味,吹牛拍马,说些不着调的官话;入夜则是歌馆楼头依红偎绿,声色犬马,花钱如流水。对于此等情景,初出茅庐的的黄庭坚有些不适应,见舅舅习以为常,泰然处之,也就不便多问什么。

等到了"江淮名邑"的扬州之后,年仅14岁黄庭坚才真正见识到了"淮左名洲,富甲天下"的扬州的确名不虚传。对前朝杜牧的"十年一觉扬州梦,赢得青楼薄幸名"的名句,有了更深切的感受。

在扬州逗留了三天,黄庭坚天天随李常探亲访友,出席官方或私人举

二、少年：游学淮南

修河十里秀水（摄影 戴祥福）

办的名目繁多的酒宴。然而，令他印象最深的还是在"江春楼"歌馆，听到名妓红芸演唱曾任扬州太守欧阳修的新词《蝶恋花》。经典词曲与樱桃小口、吴侬软语和花容月貌的珠联璧合，真是妙不可言，美不胜收，尤其是收尾的"泪眼问花花不语，乱红飞过秋千去"一句，更是情境两生，浑然天成，令人拍案叫绝。

一路行来，舅父跟他多次谈到欧阳修（字永叔，号醉翁、六一居士）这位当世的文坛泰斗，说到欧文、欧诗独步天下，欧词也堪称一绝。这是他第一次零距离接触青楼艺妓和听配乐演唱的词曲，由此领悟到了"词曲和乐"的要诀。李常还告诉他词曲原本就应是合乐着腔的新体诗，谙熟词调音乐，可倚声以填词，即或不为应歌而作，亦可依他人因声度词的格律进行创作。由此，他联想到自己以前在分宁家中试着填写的一些词曲，音律上不甚合乐，就不适宜演唱。看来自己不过是照着词牌格式依样画葫芦，当不得真的。心想以后填词作曲得改弦更张，还得仔细琢磨词曲特殊的声韵要求，以及与诗歌创作的异同。

过扬州继续前行，不料他们途经六朝旧都金陵时，接到京师传来的快报：李常改任"权知楚州、监涟水军转盘仓"的新职。中途突遇变故，李常只好放弃原本打算游钟山、玄武湖的计划。一行人无奈之下，又调头往淮南

黄庭坚故事

东路治下的新任职所涟水进发。

舅甥俩及随行人员沿途探古迹名胜、游名山大川和访亲戚朋友,加上路途中遇改官而来回折腾,总共历时两个多月,终于到达了最终的目的地——涟水军。

生平首次长途旅行,使初出茅庐的黄庭坚眼界大开,增长了不少见识。真正体味到了古人"读万卷书,行万里路"的所言不虚,尤其是舅父一路上的细心照料,在学问上深入浅出的悉心指点,更是让他感到受益匪浅,也多少缓解了一点他思念母亲、思念亲人和思念家乡的愁苦。

栖身官衙

李常此行轻车简从,没有随带家眷,抵达涟水军衙门后,他与黄庭坚一起住在官衙后的内舍。从家乡带来的一个随从和当地拨派的两个兵士倒也乖巧,把舅甥俩的饮食起居安排得井井有条,使初次出门在外的黄庭坚多少有点居家的感觉。

李常上任伊始,公务繁忙,但再怎么忙,他都没有忘记临行时姐姐的千叮咛、万嘱咐,对黄庭坚倾注了如同己出的关爱。他与黄庭坚同吃同住,生活上悉心照料,学业上严格要求;除了把自己所学向外甥倾囊相授外,还把外甥送到当地最好的书院学习,请名师为他传道、授业和解惑,为少年黄庭坚的游学打下了扎实的根基。

黄庭坚从小就崇拜舅父,认为李常不仅才学出众、风流洒脱,而且藏书丰富、学问渊博,又对自己关爱有加。舅父对庭坚的才华也很欣赏,深信他是一块待打磨的璞玉,只要加以精雕细琢,日后一定会成大器的。

此后几年的朝夕相处,使舅甥之间的感情愈加深厚。可以说除生养他的父母外,对黄庭坚一生提携、教诲和影响最大的人物,非李常莫属。

到涟水的第二年,黄庭坚渐渐习惯了平原地区冬寒夏热的气候,与当地文友的交往日益增多。随着舅母盛氏及年幼的表弟秉彝(字德叟,李常长子)、表妹怜儿的到来,原本冷静的家中顿时热闹起来了。在舅父、舅母的精心照料下,黄庭坚的身体长结实了,个头长高了,白里透红的脸蛋,

二、少年：游学淮南

配上匀称的五官，长成了活脱脱的一个帅小伙。

由于舅父是当地的最高行政长官，加上少年黄庭坚能写诗填词、个性张扬、为人大方，属于那种人见人爱的小帅哥。衙门里的官吏、军士都对他很热情，想方设法跟他交朋友、攀交情。有的隔三岔五请他上酒楼喝酒，下歌馆听曲；有的邀请他到瓦舍听说书，到茶馆弹琴下棋。重友情、讲义气的黄庭坚乐此不疲，一度沉浸其中而不能自拔。

当地歌馆有个雏妓号"天津云儿"，似乎与黄庭坚很投缘。混了个脸熟后不久，情窦初开的黄庭坚，书赠红粉知己《两同心》词一首：

> 巧笑眉颦，行步精神，隐隐似朝云行雨，弓弓样罗袜生尘。樽前见、玉槛雕笼，堪爱难亲。
>
> 自言家住天津，生小从人。恐舞罢随风飞去，顾阿母教窣珠裙。从今去、唯愿银缸，莫照离樽。

你有情，我有意，来往更加密切之后，庭坚又写了《少年心》词赠云儿："心里人人，暂不见，霎时难过。天生你要憔悴我……"写的无非是些甜言蜜语和有情人恨不长相厮守的闲愁。

这期间，他还学习和琢磨欧阳修词的风格和笔调，共创作了《望远行》《千秋岁》《沁园春》等约10余首艳词丽曲。如婉约艳词《诉衷情》，就透出豆蔻年华的黄庭坚的滚烫春心：

> 小桃灼灼柳鬖鬖，春色满江南。雨晴风暖烟淡，天气正醺酣。山泼黛，水挼蓝，翠相挽。歌楼酒旆，故故招人，权典青衫。

上述这一类艳俗丽词，大多为黄庭坚在游学时期所作。宋人以词为诗余，以艳词纵声色，化解心中愁闷，是当时的社会风气，我们不必大惊小怪。后来黄庭坚在给晏几道（字叔原，号小山）写的《小山词序》中回忆道：

> 余少时间作乐府以使酒玩世，道人法秀独罪余以"笔墨劝淫，于我法中当下犁舌之狱"。

以上这段话是黄庭坚的自我反省招供，显然是因他与晏几道有同病相怜的际遇而直言不忌。

对于外甥最近的行为放纵，舅父李常、舅母李夫人是看在眼里，急在心头，担心他长此下去荒废学业。性情有些偏急的李夫人盛氏，几次想找庭坚劝说一番，均被似乎胸有成竹的李常给阻止了。李常坚信自己的外甥是可塑之才，目前迷恋声色犬马，不过是思念母亲和家乡的情绪之自我排遣发泄，是成长过程的烦恼。

经调查摸底，精明的李常不动声色地调整了衙门部分官吏的岗位，悄然减少了黄庭坚与一班酒肉朋友接触的机会。同时，又在自家藏书室办起了一个"白石斋诗社"，不时邀请远近的文化名流和诗词高手前来集会，引荐王安国、徐积、俞清老、冷庭叟等一批崭露头角的名流与外甥谈文论道，吟诗作对，意在为少年庭坚的心理调整和重新用功学习营造一个良好的人文环境。

对于舅父的用心良苦，向来机灵的黄庭坚一开始就觉察到了，于是暗暗改变了自己最近不好的生活和行为方式。从此黄庭坚潜心读书做学问，诗歌文章水平疾进，书法佳作蔚为大观，大有要兑现舅父当初"一日千里"之预言的架势。

学业精进

由于三天两头举办诗歌笔会和吟诗作对竞赛活动，李常的白石斋诗社名气越来越大，慕名而来的饱学之士络绎不绝。李常花重金从庐山搬运来的"白石山房"书室，藏书达数千册，一一按部首序号编排，成为有案可稽的中国乃至世界上第一家私人图书馆。

李常有时公务繁忙，由黄庭坚代替抽不开身的舅父主持诗社活动是常有的事，而且此时的黄庭坚名声鹊起，吸引了不少远近青年才俊前来切磋诗艺、书技，他由此又结识了不少江淮一带的诗文名家。

黄庭坚书法初以名家周越为师，经过舅父李常的多方指点，兼采众长，加上与生俱乐来的天赋和勤学苦练，他楷书、行书、草书皆能，在当地已是小有名气。他的诗词创作是在分宁双井开始的，当时主要是受父母双亲

二、少年：游学淮南

和学馆塾师的影响，到涟水后又得到舅父的言传身教，甥舅二人之间不仅定期进行诗词唱和，而且与当地名士也多有切磋交流，水平已达相当的高度。现在衙门家中"谈笑有鸿儒，往来无白丁"，黄庭坚作诗、填词和写文章，随时能得到高人指点，创作水平自然又上了一个新台阶。

光阴荏苒，转眼间已近弱冠之年的黄庭坚，该准备天下士子趋之若鹜的科举考试了。在重文轻武、以文治国的宋朝，要想出人头地和兼济天下，就必须跨越那座由乡试、会试、殿试组成的三步曲式的"独木桥"。所以，尽管生性不甘于受拘束的他，再如何十分的不情愿，他的诗歌创作和文章习作，还必须向应制型的科举诗赋、明经、策论的方向努力和转型。以下仅举他在此一时期创作的两首诗歌为例：

少也长母家，学海颇寻沿。
诸公许似舅，贱子岂能贤？
辕驹蒙推挽，官次奉丹铅。

——《奉和公择舅氏送吕道人研长韵》

江鸥摇荡荻花秋，八十渔翁百不忧。
清晓采莲来荡桨，夕阳收网更横舟。
群儿学渔亦不恶，老妻白头从此乐。
全家醉著篷底眠，舟在寒沙夜潮落。

——《清江引》

倘若把这两首被列入黄庭坚游学时期创作的诗歌，与他更早在分宁家乡的习作《溪上吟》《次韵叔父谟咏莺迁谷》等诗略加对比，即可看出他游学时的诗作比之前双井的诗作，少了几分稚气，多了一分老成；少了几分抒情和自由轻灵，多了几分议论和理性拘束。看来应试教育的某些弊端由来已久，古今皆然。

一天下午，一位上京应考的洪州籍举子前来造访，此人叫黄介（字几复），黄庭坚与他从小就相识，后来两人成为相交一生的挚友。原来上忭京的黄几复受黄大临之托，特地绕道给黄庭坚带来了一封家书及一包家乡的双井茶。他乡遇故知,黄庭坚兴奋异常,白天陪朋友畅游涟水,晚上则是与几复同枕共寝,似乎两人在一起有着聊不完的天,说不尽的话。依依惜别时,彼此还和了几首诗相赠,以纪念此次难忘的异地相逢。黄几复诗歌中对少年庭坚的才学由衷地敬佩,认为黄庭坚必将以文章、诗词、书法显名于世,卓然成为一代文学大家。

随舅父游学淮南快两年了,尽管他写过好几封书信回家,但因路途遥远而一直没收到家里的回音。从久违的家书中,庭坚得知家中一切平安,母亲大人身体大有好转,几个弟妹都长大和懂事了,黄庭坚又高兴又激动。一连几日,品尝着母亲大人亲手焙制的双井草茶,他好像喝"醉"了,以致彻夜难眠,泪水湿透了枕巾。

在涟水军衙门外不远处的溪流入河口,有一座弯月形的老拱桥横亘在溪水的两头,历经百年岁月风霜而不衰,坚实而又从容。随舅父到涟水以来,每逢有心事时,少年黄庭坚就会独自来到这里。他喜欢沿着古桥一端的小路漫步,排解自己焦躁不安的情绪,寻找心灵的慰藉。有时他也喜欢走上拱桥凭栏远望,他知道家乡双井在视线尽头很远很远的地方,内心的神游能亲切地感知到,与心的距离并不遥远,正是"天地空迥何处觅,岁计有余心自知"(《用几复韵题伯氏思堂》)。

拜识孙莘老

看到外甥一连几天沉默寡言,心事重重,李夫人盛氏对黄庭坚的生活照料更加细致入微。看出外甥心事的李常,则引杜甫的诗句对他打趣道:"莫非是'烽火连三月,家书抵万金'吧?"见黄庭坚仍是无精打采,闷闷不乐,李常决定趁自己赴邻近的高邮军办公事之机,顺便带上外甥去散散心,同时也好让他多结识一些当地的知名人士。

甥舅俩到达高邮军孙府大院,热情好客的主人孙觉(字莘老),一面径直把造访的二位客人请进书房;一面笑吟吟地说道:"公择兄,哦,还有小帅哥鲁直,你们来得正好,客气话不用多说,请帮我打赢这笔墨官司喔!"

原来,孙觉评论唐诗大家,向来十分推崇杜甫(字子美),认为杜甫的

二、少年：游学淮南

《北征》诗胜过韩愈（字退之）的《南山》诗；而诗友王平甫却认为韩愈的《南山》诗比杜甫的《北征》诗好。两人围绕此话题，长久反复争论，甚至为此争论得面红耳赤，但谁也不能说服对方。

见老朋友李常携外甥黄庭坚入座后，两位刚才争得不可开交的朋友，就此事先征求客人的意见。

黄庭坚见舅父点头表示默许。对两人争议的问题稍作思考后，不慌不忙地站起来说道："若论工巧，《北征》不及《南山》。若书一代之事，以与《国风》《雅》《颂》相为表里，则《北征》不可无，而《南山》虽不作，未害也。"

"后生可畏，可畏啊！"听罢他言简意赅、分析透彻的一席话，两位前辈均表示心服口服，由此结束了旷日持久的一场论争。

孙觉一开始就喜欢上了这位帅气、聪颖的青年才俊，接触几次之后，对黄庭坚的才学人品大加赞赏。在李常办完公事返回涟水时，他执意要留黄庭坚在孙府小住一段时日。

世事茫茫难预料，人有时交好运门板都挡不住。一天深夜，黄庭坚刚放下书欲解衣入睡，突然被外间一阵嘈杂声惊醒。忙起身跑出门来一看，原来是孙家小姐突发急病，不住呻吟，疼痛难忍。此时已是深更半夜，孙家派出去请郎中的家佣迟迟未回，急得孙觉夫妇大眼瞪小眼，火急火燎地在闺女房中团团打转。

问明情况之后，曾跟祖母刘氏学过几招常见病医治方法的黄庭坚，说他正好随身带有备用的草药，并主动请缨为孙小姐诊断治病。

在孙家人半信半疑的神情下，他较熟练地望闻问切，悉心把脉，诊断病人得的是似寒实热的虚火症，并开出了一剂对症下药的土方。也许是黄庭坚合该走桃花运，不料孙小姐当晚服下他开的药剂睡下，第二天一早竟然基本上就痊愈了。

真是病急乱投医，冥冥中有上苍啊！医术水平顶多半壶水的黄庭坚，情急之下这么一折腾，不仅让病怏怏的孙小姐药到病除，还意外成就了自己的一段好姻缘。

一开始就"落花有意"的孙觉夫妇，不仅亲眼看到了他的天纵之才学，还目睹了他如何机灵、沉稳地演绎"英雄救美"的全过程。有些惧内的孙觉难得在夫人面前神气一回，忍不住连声夸赞黄庭坚，因为他头一次听到夫人连连给予口头表扬。于是，孙觉决定趁热打铁，一再表示要留黄庭坚在家中多住几天，等过了中秋节再亲自送他回涟水。

对于孙氏夫妇心里那点事，黄庭坚已是看在眼里，乐在心头。因为那晚治病时，他看到素颜的孙小姐也是貌美如花，即便在病中也是目光柔和，神态优雅，长得多少还有一点像家乡的密友黄玉兰，加上又是官宦名门闺秀，与自己也算是门当户对。何况上次兄长大临捎给舅父的书信中，已转达了母亲全权委托李常给自己找房媳妇完婚的意思。常言道男大当婚，女大当嫁，也是天经地义的人生乐事。

孙、李两家夫妇这么一来一往，在省掉繁琐的"父母之命、媒妁之言"的程序后，黄庭坚与孙兰溪之"才子配佳人"的终身大事很快就敲定下来了。

在双方家长交换庚帖（庚帖：旧时订婚，男女双方互换的帖子，帖上写着姓名，生辰八字，籍贯，祖宗三代等，亦称八字帖）和商定订婚、迎娶的日子后，男方代理家长李常夫妇给分宁的黄夫人发出了一封报喜书信，将孙小姐家庭情况向黄夫人做了详细介绍。然后在官衙的定点酒楼举行盛大宴会，招待亲家，以及本家亲眷、同衙官吏、文士、军官，反正是涟水军有头有脸的人士都带着礼物前来庆贺，算是把外甥的订婚之喜办得风风光光。

洞房花烛夜

人在顺境，时光往往过得也快。李常在涟水的三年任期转眼就过去了，按宋制他得北上京城吏部改官。

这一年初夏的一个黄道吉日，按照李常与孙觉事先的约定，李常夫妇送17岁的外甥黄庭坚往高邮完婚，打算办完他的婚礼，也就是把他托付给孙家后，即携家眷北上京城候补新职。

孙觉现官居五品御史中丞，又是当地的世家大族。爱女的婚事自然是孙家压倒一切的大事，何况入赘的女婿黄庭坚也是官宦书香名门之后，又是自己亲自为女儿挑中的如意郎君，自然也舍得下大本钱铺张办婚礼。

整个婚庆过程，尤其是察看了张灯结彩、披红挂紫和一应俱全的新房

二、少年：游学淮南

后，有些挑剔的舅母李夫人不住地点头，几乎是无可挑剔。直到观看了新郎、新娘完成"一拜天地、二拜高堂、三为夫妻对拜"等规定礼仪，并双双入了洞房后，她才如释重负地扶着李常回孙府客房歇息，因为他们夫妇明天还得赶早上路往东京。

当头戴瓜形新帽、身穿大红长袍的黄庭坚，送走最后一批贺喜的客人，已是子夜时分。酒喝得有些微醉的新郎走进洞房，正欲掀开坐在床沿的新娘头上的红绸盖头，不料等候多时的新娘伸手一拦说道："郎君且慢！妾身有一上联在此，请郎君对出下联。否则，今晚只能请你睡外间书房。此为小妾的不情之请，还望见谅！"

"哦，孙小姐，不，娘子，小生也曾听说你擅长兰花刺绣，尤其得家翁真传，能吟诗作对。近日已知，娘子的才学果然是巾帼不让须眉。请你说出上联，小生若对不出绝妙下联，情愿受罚！"黄庭坚客气而自信地说道。

打定主意的孙小姐，早就想着要亲自验证一下如意郎君的真才实学，于是一字一句地说出一副上联：

梳妆楼头，痴眼依依，痴情依依，有心取媚君子君不恋。

黄庭坚字字听得真切，暗想上联表面看似平常，却是暗藏玄机，感到了无形压力。思索好一阵之后，觉得打腹稿拟好的几个下联虽属工稳，但不足以显示自己的才学。为此，他搜肠刮肚地苦苦寻思绝妙佳对，不停在新房中来回踱步。忽然，他想起了去年深秋与朋友游览涟水妙迹山的情景，一副绝妙下联脱口而出：

妙迹山上，落木萧萧，落花萧萧，无缘省识春风春难留。

下联针对上联把他比喻为献媚的"痴情女"之暗讽，以秋后"残枝败叶"和自谓"春风"的比喻做了有力的"回击"，又确实对得严实工整，显示了黄庭坚的才思敏捷。孙兰溪不得不服，频频点头。

兴奋的新郎一把揭开新娘绣有兰花图案的红盖头，双方不禁会意一笑，以一阵目不转睛的对视，表达了互相仰慕已久之情。新娘满意新郎才貌双全，可托付终身；新郎欣赏新娘知书达理，美貌动人。

月影渐深，一对心心相印的才子佳人，喝下交杯酒，说不尽的山盟海誓；互系同心结，道不完的浓情蜜意。

携妻返乡

北宋时期的所谓游学，通常以广见闻和学诗书为名，实际上，莘莘学子走出书斋、通过游历推销自己，拟为将来的科举考试和仕进做官而攀结关系、积攒人脉，才是"走出去"的核心价值取向。对此，素来清高豁达的黄庭坚似乎也不能免俗。

黄庭坚婚后的生活十分惬意，与妻子孙兰溪十分恩爱。他绝没想到随舅父游学淮南，自己竟然在茫茫人海中找到了一生中的红颜知己。孙兰溪含羞的双眸，微抿的樱唇，盘起的舒卷发髻，美得好似仙女偶落凡尘，加上深厚的家学渊源，腹有诗书垫出的高雅气质，使貌与才两相组合得那样完美无瑕，令他爱得无法以语言来形容。得妻如此，夫复何求？因此，他万般感谢岳丈孙觉的成全，以及学问上孜孜不倦的提携和鼓励。

孙觉作为北宋著名经学家、教育家胡瑗（字翼之）的弟子，慧眼识才的自信还是有的。他现在要做的是为女婿将来的"兼济天下"搭桥铺路。为此，每逢衙门迎来送往和到各州、县巡察，他都会有意无意地带上"菜鸟"黄庭坚，极力为女婿积攒人气；凡是与同科同僚或当今公认的文豪互通书信，他都要附上黄庭坚的诗词佳作，美其名曰是请人指点，实则是为默默无闻的才子女婿出名做"广告"。

宋代文化的繁荣昌盛，与当时的大儒、文豪不遗余力地提携、扶掖后辈，以及"内举不避亲，外举不避仇"的处世风范是大有关联的。后世的人们仍能从宋朝文人士大夫爱才惜才、唯才是举的言行和品格中，感悟到这个标榜以尚文偃武为取向的王朝的精神沉淀，感受到赵宋之世文风极盛的动力源泉。

对于岳父大人的关照和提携，新婚燕尔的黄庭坚的感激之情难以言表。他懂得对岳丈家的最好报答，就是尽快赴科举考试并金榜题名。婚后的第二年，与孙兰溪相商后，意气风发的黄庭坚决定携爱妻一道回分宁省亲，

二、少年：游学淮南

修水县城掠影（摄影 戴祥福）

并准备先在原籍洪州参加乡试，中举后再赴京应进士考试。

对女婿提出的要求，孙觉夫妇满口应承，内心却是百般不舍。见岳父、岳母有点神情恍惚，如胶似漆而又善解人意的小夫妻俩，今日复明日，明日推后日，一再推迟行期。

眼看时令已入冬，天空飘下小雨夹雪。小俩口选择孙觉回朝述职的时机，向双亲大人辞行。临别之际，初次出远门的孙兰溪抱着母亲孙夫人哭泣不止，母女俩难分难舍，不忍相别。孙觉曾从李常处得知黄家目前的艰难境况，经眼泪婆娑的夫人点头同意，拿出家中一半以上的现金六百两银子交给女婿，说是算孙家给女儿补办的陪嫁之资，并一再嘱咐女婿要以科举功名为当务之急。

黄庭坚带着妻子及一个贴身丫鬟，沿着四年以前游学相同的路线乘船返分宁，一路晓行夜宿，风雨兼程。每经一州或一县停泊住宿，四年多以前随舅父北行的情景历历在目。如今山河依旧，当初的旅行同伴却由舅父变成了妻子。此情此景，令他对人生飘忽、世事无常感慨不已。

逆大江而行的帆船绕过江州，转行过烟波浩淼的鄱阳湖水面，终于停靠在建昌军码头。黄庭坚携妻上岸到磨刀李村拜见了久违的外公、外婆二老。

慈祥的外婆爱屋及乌，拿出一对金手镯给外孙媳妇做了见面礼。盘桓几天后，夫妻俩依依不舍告别了两位可亲可敬的老人，另租一艘内河帆船溯流而上，向黄庭坚日夜思念的分宁双井进发。

当黄庭坚携娇妻抵家，双双对母亲行过跪拜大礼时，他起身后发现刚过不惑之年的母亲已是鬓发苍苍，儿时记忆中那张美丽的脸庞已布满了皱纹。他含泪握着母亲被生活磨出老茧的双手久久不愿放下。

"娘亲！"善良贤惠的孙兰溪走上前拉过黄夫人的手，亲切地叫着娘亲，才唤醒了好似进入梦境的婆婆。

"唉，唉，娘的乖崽！"黄夫人看着貌美心善的儿媳，打心眼里喜欢。

当年的神童携美人回归乡里，引得亲朋好友和四方乡邻前来探望。一连几日，一度冷落的黄家屋堂笑语盈盈，人声喧哗，仿佛又回到了鼎盛时期的风光。

短短的四年多时间，黄家的五男四女均已长成帅小伙和大姑娘。兄长黄大临英气而沉稳，已结婚生子成家，分担了母亲主持大部分家务的重担；三个弟弟学业均有大的长进，尤其是四个妹妹个个如出水芙蓉，出落得楚楚动人，加上孙兰溪的适时加盟，被时人赞誉为双井的"五朵金花"。

终于盼到了日思夜想的儿子归来，而且还带回一漂亮孝顺的儿媳，黄夫人是笑意写在脸上，从此一大家人和睦相处，其乐也融融。黄氏兄弟们相互切磋诗文，年长一些的大临、庭坚准备应来年乡试。总之，向外界发出了"分宁第一家庭"振兴的强烈信号。

三

青年：仕途蹭蹬

二夺乡魁　考中进士

宋嘉祐八年（1063）癸卯，18岁的黄庭坚与兄黄大临一道赴洪州应乡试，结果双双中举，黄庭坚还以第一名的成绩夺得解头（解头：乡试第一名）。兄弟俩荣归故里时，场面确实相当壮观：黄家屋场前已高高树立两个旗杆，两面书写着举人姓名的彩旗迎风飘扬；锣鼓喧天，鞭炮齐鸣，全村男女老少都赶来看热闹，连县太爷也亲自登门来道贺，说是黄庭坚夺得乡试第一名为本县争了光。

一时间，来黄家贺喜的人士络绎不绝。其中有一名布甲乡的何姓乡绅欲索购黄庭坚的书法墨宝，当即被他婉言谢绝。因为心气很高的黄庭坚觉得"解头"不过如此，远未达自己追求的目标，至于自己的书法虽在江南西路一带崭露头角，但觉得尚有许多地方需要改进完善，平时尚且秘不示人，更遑论收取"润笔"费。

宋英宗治平元年（1064），黄庭坚顶着洪州"解头"的光环，告别了母亲、妻子和兄长、弟妹，在家乡众人一致看好的情况下，意气风发地上京应礼部进士试。

他一路风尘仆仆抵达京城，满以为能与舅父李常或岳父孙觉在京城小聚，不料舅父不久前升迁齐州（今山东济南）知州；岳父则调任湖州（今浙江湖州）知州去了。

提前抵京的黄庭坚寻亲不遇，不免怅然若失，加上离乡时爱妻孙兰溪因不服水土而患病未痊愈，也令他很是放心不下。离考试时间还有一个多月，他只好找了一家名叫"文思盛"的旅店先住了下来。虽然住进这家旅店未必就能文思泉涌，但与同来入住此店的众多的应试举子一样，不过是讨个旅店名字的吉利而已。

一个人在京城形单影只，黄庭坚感到十分寂寞和孤独。从下榻"文思盛"的第一个晚上开始，他就一连几天失眠，书是没有办法再看得进去。百无聊赖之下，他只好与几个同住旅店的举子，轮流请客做东，天天借酒消愁，推杯换盏解闷，望眼欲穿地盼着大考之日早点来临。

三、青年：仕途蹭蹬

浑浑噩噩地打发时光，终于等来了礼部的会试之日，诗赋、策论等几科考下来，黄庭坚自感考得谈不上很出色，但也基本发挥了自己应有的水平，内心认为再怎么着也该是榜上有名。

礼部发榜的那一天，一班举子都到礼部附近的"登榜楼"酒店焦急地等候消息。临近发榜之前，有人或许是慕于黄庭坚的大名，传言他高中了会元（会元：会试第一名）。听到等候公榜的人们你一言、我一语的议论，黄庭坚并没有喜形于色，心想着要等到公榜时榜上有名才能算数。

不久之后真的放榜了。有一仆人匆匆跑进酒店对大家说道："这里有三人中了新科进士。"念过三个幸运儿的名字之后，黄庭坚也在榜上无名之列，数十个同榜落第者忍不住含泪离去。黄庭坚则好像若无其事，依然饮酒如故，心理素质过人的他明白事已至此，回天无力。

对于名大才高、头顶乡魁的黄庭坚此次意外落榜，有史家曾考证出主要原因是：他的策论文章远不及他的诗赋精辟。北宋一朝的科举考试，江南地区重诗赋轻策论，江北地区则恰好相反。当时作为政治、经济、文化

修水双井高峰书院（摄影 戴祥福）

中心的汴京在江北,所以从北宋初蔓延到中叶,朝廷选派的科举主考官多为北方中原地区人士。

那些心气很高的主考官,对曾经在李唐小王朝统治下的江南地区的所谓纤弱文风,一直都是怀有较深的偏见。朝中大臣也往往看不起南方读书人。由于长期存在的"扬北抑南"的偏见,在举进士的名额一向是北多南少的大背景下,才大名高的黄庭坚名落孙山,不过是出身南方地区的又一个倒霉蛋而已。此种蔓延上百年流弊,直到后来王安石变法中改革科举取士制度,才逐渐扭转了这种不合理的现象。

满腹经纶的黄庭坚第一次参加进士考试就受挫,虽然在发榜的那一天他强作镇静,实际上,落榜对他的打击不可谓不大。他觉得有负家人的期待,特别是有愧舅父李常、岳父孙觉的知遇之恩和精心培养。

乘兴而来,意外落榜,黄庭坚心情很是不爽。百无聊赖之下,他只好循着北行赶考的大江旧路返分宁。到达江州稍作停留,他没有马上西向回分宁,而是南下往洪州府治所豫章,去探望同样有过落榜经历的好友黄几复。两位打少年时即要好的朋友重逢,相亲相近自不必说,彼此还花好些时间探讨和总结进士科考的得失,相约下届科考一定打一个翻身仗。

到了当年底,黄庭坚才从豫章返回双井。早已得知其落榜消息的家人都劝慰他说:"科举考试本是千军万马过独木桥,谁也无法保证自己一定能考上。"舅父、岳父还先后来信鼓励他重振旗鼓,坚信他一定会取得成功,实现金榜题名的梦想。

心情平复下来之后。他根据那三个同住旅店且已中进士的举子提供的经验,找来一本宋祁(字子京)编撰的《唐史稿》来用心揣摩,从中领悟写科考文章的妙法。爱妻孙兰溪还帮助他查抄了不少本朝的应试范文,供他琢磨参考,甚至常常陪着他熬夜苦读。与生俱来的天赋加上发奋埋头读书,使黄庭坚的学业文章达到了一个新的境界。

治平三年(1066)秋,黄庭坚再度参加乡举。他与同县的几个乡贡学子结伴同行到州治豫章,受到了好朋友黄几复的热情接待,并按三年前的约定一同参加本届乡试。打算中举之后,来年再一同赴京应礼部进士考试。

那一年乡试的诗赋和策论均以《野无遗贤》为题。黄庭坚在家复习中

三、青年：仕途蹭蹬

写过类似的文章和诗歌，所以，考起来轻车熟路，顺风顺水，时限一到，第一个交卷离开了考场。

本届乡试主考官是庐陵人李询，亦是一位能诗工词的高手。当他阅卷看到黄庭坚的应试诗中"渭水空藏月，傅岩深锁尘"两句时，忍不住击节称赞，认为此人"不仅文理冠场，异日当以诗名擅四海"。因此，黄庭坚再次被点为乡试第一。虽然在中国科举史上有更牛的10余人所谓连中三元（连中三元：乡试、会试、殿试均第一名）之事，但连续两届被选拔为乡试解头也是十分罕见的。

乡试再度夺魁，黄庭坚的信心爆棚。治平四年（1067）丁未，时年23岁的黄庭坚再度前往汴京，参加礼部进士春闱大考（春闱：会试在春天举行，又称"春闱""春试"），结果顺利考取三甲进士。喜上加喜的是：好友黄几复也一同考中了进士。

据考证，本次春闱大考共录取新科进士305名，许安世夺得本届一甲新科状元。黄庭坚位列三甲榜首，也就是第31名。这是一个足以值得在人前人后夸耀的好成绩。首先，在全国各地选送的成千上万名举人中，能进入三甲之列的，本身就是千中选优、万里挑一，可谓是精英中的精英。其次，天下有多少读书人，十年寒窗苦读，三更灯火煎熬，能考过举人这一关，都是凤毛麟角之事，更不用说从秀才到举子考到头发花白还不能中进士的人，历朝历代比比皆是。所以，全国"高考"第31名，任你才高如巍巍乎高山、洋洋乎大海，都不是谁想考到，就可以轻易做到的。

考中三甲进士，虽说是一个不错的结果，但对于奔一甲、至少是二甲而来的黄庭坚来说，内心多少还是不太满意的。尽管在京都等候授官期间，他与黄几复、付君倚、裴仲谋等一班同科进士，天天在人们羡慕的目光下"招摇过市"，互相庆贺。狂欢过后，他冷静下来一想：自己家境清寒，上有母亲大人要赡养，下有几个将成年的弟妹待办婚嫁，还有爱妻孙兰溪身体状况时好时坏。总之，一个偌大家庭的生计，除了靠兄长大临的极力支撑外，今后可能也要靠自己的俸禄来维持。他此时的心愿是：最好是能在家乡分宁附近或在江南地区的州、县任职，以便就近照顾每况愈下的大家庭。

人背运的时候，有时喝口凉水都会塞牙。等到吏部新科进士授官任命颁布，黄庭坚出任汝州（今河南汝州市）叶县县尉，是同科进士中为数不多的任职北方边远地区的人员之一。

荣归故里

黄庭坚趁赴任之前的一段空隙时间，悄然返回分宁故里。科场和授官的不如意，他本想冷处理，尽量不张扬，但途经县城时，还是被不少消息灵通的人士拦了下来。人们敲锣打鼓，前来恭迎新科黄进士衣锦还乡。接着是东一家接西一家吃庆贺和饯行酒，对于众口一词的所谓"鹏程万里、步步高升"之类的赠言，他已是听得耳朵起茧，不胜其烦，但还是不得不笑脸相迎，连声道谢，甚至喝醉呕吐了几次。黄夫人见状，替他婉拒了一些不必要的应酬，让他抽出时间拜谒里中贤达、走访亲戚朋友和带着妻子游历县内各处风景名胜。

当年气候温和，风调雨顺，家乡的双井茶收成不错。从小礼佛奉禅的黄庭坚，有了好茶没忘与得道的禅师分享。他先是给本县黄龙寺住持慧南禅师寄去一份新茶并附诗一首，随后又亲上黄龙山黄龙祖庭，与慧南禅师一面共品香茗、谈诗作对；一面坐而论道，参悟禅机。后来黄庭坚与黄龙系的晦堂祖心、灵源惟清、死心悟新三位高僧均有交集，并成为祖心的入室记名弟子。《居士传》记载黄庭坚早年向佛，后来自号"山谷道人"，即

修河浮桥（戴祥福 摄）

三、青年：仕途蹭蹬

因其从安徽潜山山谷寺感于佛禅护念苍生和山水胜迹，取此号为纪念。

面对即将要长时间离别的故土和难料的漫漫前程，心情颇不平静的黄庭坚，频频拜亲访友、游历山水和吟诗填词，创作了不少传世的诗词佳作，其中《清明》一诗最为知名：

> 佳节清明桃李笑，野田荒冢自生愁。
> 雷惊天地龙蛇蛰，雨足郊原草木柔。
> 人乞祭余骄妾妇，士甘焚死不公侯。
> 贤愚千载知谁是，满眼蓬蒿共一丘。

这首脍炙人口的七律是诗人在清明时节的触景生情之作。首联以桃李花开与荒冢生愁构成对比，流露出对世事无情的叹息。二联笔锋一转，展现了自然界万物复苏的景象，正与后面两联的满眼蓬蒿荒丘，构成了强烈的对比。接着由清明扫墓想到墓地乞食的齐人（"人乞祭余骄妾妇"取自于《孟子》，讲的是齐人在坟墓前乞求祭品充饥，反在其妻妾面前夸耀的逸事）；由寒食禁烟想到自甘焚死的隐士介子推（介子推：晋国贤臣、隐士；"士甘焚死不公侯"这句诗用的是春秋时的一个典故，介子推不贪公侯富贵，宁可被火焚死也不下山做官），不论贤愚与否，到头来都不过是一丘黄土。诗人看到春回大地的一片生机，想到的却是人生不可逃脱的死亡归宿。诗作体现了作者的人生价值取向，鞭挞了人生丑恶，看似消极，实则蕴含有某种愤激。表达了他入仕前对人生的冷静思考，透露出他一开始就存有的"积极入世"与"消极出世"的矛盾心理，也奠定了他人生哲学中持节与超脱相融的基调。

赴任叶县尉

熙宁元年（1068）夏，辞别在家主持家务的兄长大临，24岁的黄庭坚带上母亲、妻子、两个弟弟、一个妹妹及随行的几个家佣，一共40余人，从家乡分宁启程北上，向遥远的汝州叶县进发。

一路跋山涉水，逶迤前行。黄庭坚痴迷书法，遇到有古碑石刻的地方，总要去观摩，拓下碑刻上的文字，因此，几乎每天都要耽误一些路程；加上途中妻子患病，不得不好几次停下来就医。过汴梁后需停舟改走陆路，并无多少长途跋涉经验的黄庭坚，错请了几个行船的舟子来做挑夫。用非所长，勉为其难的舟子走了两天旱路，就不堪重负，心怀歉意地辞谢而去。黄庭坚只好另请挑夫担负行李，故路途耽误了几天时间。眼看临近汝州，又遭遇汝水上涨，连接官道的大桥被洪水冲毁，又拖延了一段时日。一路走走停停，直到九月下旬，才晃晃悠悠地到达汝州任所。

官方规定的报到限期早已过去了，身为县尉的黄庭坚超期近一个多月才抵达报到。对此，以严厉著称、时任镇相的富弼（字彦国）不由分说，命人把迟到的黄庭坚拘禁起来。经黄庭坚反复说明原因和承认过错，上交认识深刻的书面检讨，才被释放和允许履行职务。可以说出仕从政之初，年轻的黄庭坚就挨了重重的当头一棒。

县尉是负责地方治安的下层官吏，较于接近民众，但要时常应付烦杂公务，周旋于官场倾轧，这与他向往的田园生活相差甚远。然而，眼下不得不为稻粱谋而胸怀救世济民之志的黄庭坚，只好暂且压抑个性，尽管官微俸轻，也要施仁政，抚黎民，建功业。从出仕履政之日起，他对国计民生就表现出了深切的关怀和忧念。

为了适应北方的气候、工作和生活环境，他请一位文武兼能的下属兵士教会自己骑马开弓，以便身体力行，全力做好捕盗缉凶、维护地方治安的本职工作。他时常带上兵士下乡村巡察，顺便遍访当地的名胜古迹，并与不少下层民众结为可交心的朋友。

忙完烦琐的公事，他常蜗在家里吟诗作对，看书习字。还把中举时姨母崇德君赠送的一幅绝佳《墨竹图》悬挂家中，不时品味观摩，并题画赋诗，称赞姨母此画巧夺天工、惟妙惟肖，很像家乡随处可见的墨竹。睹画而思人，常勾起他眷恋双井、思念兄弟姊妹的故园之梦，同时也感叹自己"一官偶仕叶公城"。言下之意，即是自嘲自己迫于稻粱谋，做官非本意，有点当初发生在此地的"叶公好龙"的意思。

熙宁元年（1068）秋冬，河朔、京师一带连续发生地震，震后又发大水，导致大量人员伤亡，土地荒凉。洪水淹没农田、冲毁村庄房屋，幸存的人

三、青年：仕途蹭蹬

们流离失所，纷纷渡过黄河，来到黄河以南，寻找安身之所。

对于老百姓遭受突如其来的地震和洪涝灾害，黄庭坚忧心如焚。他率领属下深入灾区维持社会秩序，赈济灾民，帮助民众重建家园，开展生产自救，并根据亲临灾区之所见所闻作了一篇七古《流民叹》：

> 朔方频年无好雨，五种不入虚春秋。
> 迩来后土中夜震，有似巨鳌复戴三山游。
> 倾墙摧栋压老弱，冤声未定随洪流。
> 地文划劙水膴沸，十户八九生鱼头。
> 稍闻澶渊渡河日数万，河北不知虚几州。
> 累累襁负裹叶间，问舍无所耕无牛。
> 初来犹自得旷土，嗟尔后至将何怙。
> 刺史守令真分忧，明诏哀痛如父母。
> 庙堂已用伊吕徒，何时眼前见安堵。
> 疏远之谋未易陈，市上三言或成虎。
> 祸灾流行固无时，尧汤水旱人不知。
> 桓侯之疾初无证，扁鹊入秦始治病。
> 投胶盈掬俟河清，一箪岂能续民命？
> 虽然犹愿及此春，略讲周公十二政。
> 风生群口方出奇，老生常谈幸听之。

这首著名诗作，真实地反映了历史上这场严重的地震灾害，体现出诗人的人道主义精神和对灾难中痛苦挣扎的百姓寄予的深切同情，是其早期诗歌创作为数不多而分量很重的一篇直面现实的佳作。

从这一反映现实的诗作来看，诗人为政之初，就具备了强烈的关心国计民生的使命感和责任心，能够大胆地为民请愿，这是难能可贵的。诗人以写实的方式，用诗歌真实记录地震灾害发生的过程和所造成的极大危害，这在中国文学史上恐怕是绝无仅有的第一人。

痛失爱妻

自熙宁元年（1068）九月到四年（1071）年底，黄庭坚在叶县度过了三年多时间。因为不太适应北方的气候，加上人生地不熟，又有随同家属，除了每天上衙门办公和忙于繁杂琐碎的地方治安事务之外，黄庭坚尽量减少在外的应酬，以便挤出时间多陪伴家人。但天有不测风云，人有旦夕祸福，孙兰溪不幸因病在叶县不治身亡，年仅22岁。

熙宁四年（1071）年末的一天上午，外面气候特别寒冷，狂风呼啸，鹅毛大雪飘飘而下。在黄庭坚一家租赁的住宅卧室，自感不久于人世的孙兰溪，流着泪对守在床头的丈夫动情地说："此生虽短暂，得遇相公厚爱，妾知足矣。遗憾的是没有给相公生育一男半女的，以了婆婆多年之盼望。如果有来世，妾还愿为相公之妻！"说罢，又昏迷过去了。

将近挨到黄昏，孙兰溪在夫君的怀中闭上了双眼。

善良、贤惠、知书达理的妻子过早撒手人寰，黄庭坚跌入痛苦的深渊，一度痛不欲生。他久久地独守在爱妻的灵前，谁劝也不愿起身离去……

雪融日出的那一天，北国大地一片荒芜。远处的山峦掠过一抹暗红的亮光，河水在与冰雪的交融中艰难地沁出几缕涓涓细流。将孙兰溪暂安葬在城西郊野后，他三天两头都会来到妻子的坟前陪陪她，每次都会饱含深情、泪流不止地与她说说话，承诺日后有机会一定将妻子的尸骨归葬其故乡高邮。

他饱含深情写下了悼念爱妻的楚辞体《悼往》、七律《哀逝》《红蕉洞独宿》等诗文，并一一烧化在妻子的墓前：

> 南床高卧独逍遥，真感生来不易销。
> 枕落梦魂飞蛱蝶，灯残风雨送芭蕉。
> 永怀玉树埋尘土，何异蒙鸠挂苇苕。
> 衣盝妆台蛛结网，可怜无以永今朝。

在悼念妻子的几首诗作中，以这一首《红蕉洞独宿》诗最为动人。该诗如泣如诉地表达了黄庭坚在妻子去世后孤苦凄凉的心情、处境和深沉抑郁的生活状态。

爱妻孙兰溪的离世，是黄庭坚初登仕途遭受的又一记重击，带来的创痛也久久难以抚平。黄庭坚每天办完公事回到家，睹物思人，兰溪的音容相貌会不时浮现在眼前；夜寝入睡，爱妻就会频频来梦中相会。醒来面对妻子遗留在梳妆台上的物件，他不忍多看，仿佛过久的凝视会搅乱存放的记忆；过分的靠近会损伤它的美丽。

年逾半百的黄夫人李氏眼见儿子食不甘味，睡不安枕，身体日见消瘦，禁不住暗自落泪。她唯一能做的是，每天到寺庙烧香拜佛，祈求佛祖保佑儿子平安无事。

黄庭坚看着母亲大人替他担心，终日愁眉不展。考虑再三，决计要尽快离开叶县这块伤心之地。

黄庭坚清楚地知道，妻子孙氏因为出生地名为兰溪，又为官宦之家的闺秀，在婚前即被朝廷敕封为兰溪县君。据说她的兰花刺绣为当地一绝。后来黄庭坚毕生寄情兰花，有着剪不断、理还乱的爱兰情结。无论走到哪里，他都会在家中庭院精心种植兰花。在诗文中如泣如诉地叙写兰花，毕生留下多达近20篇咏兰涉兰的文章和诗词作品。晚年写下的称赞兰花为国色天香的名篇《书幽芳亭》，在历史上最早辨别了春兰与蕙兰的异同，是一篇足可与其忘年之交周敦颐（字茂叔，号濂溪）的《爱莲说》比肩的经典散文；他书写的唐代韩伯庸《幽兰赋》书法，成为其行书代表作之一。不难看出，他对兰花的一往情深，寄托着他心中对爱妻挥之不去的哀思，以及感叹天人永隔的离恨！

升任国子监教授

熙宁五年（1072）正月，黄庭坚报名参加了四京学官考试，策文优等，授予北京（今河北大名）国子监教授一职。自爱妻离世后，他就想着要尽快离开叶县这个令他"致心惨戚"的伤心之地。

黄庭坚所任的北京国子监教授，主要负责训导学生、荐送学生应举、修建校舍、制定课程纲目等职能,是主管国学的专职学官,从七品官衔。如非要古今对号入座的话,他所任的这一官职有点类似今天的某市教育局局长兼某大学校长。

刚担任国子监教授之时,他花了近几年省吃俭用的积蓄买了一栋七八间住房的住宅。房屋靠近城郊护城河,绿树环绕,鸡犬相闻,远离街市的喧嚣;房前有庭院,房后还有一片小花园,用今天的标准衡量就是超值豪华别墅。到底是进了京城,家居环境和条件均比叶县大为改善,把全家老小安顿之后,黄庭坚即到官衙上任。

无论从个人知识结构,还是量才使用的角度来看,黄庭坚出任这一为国家培养人才的学官都更能发挥他的长处。然而,由于北方燕云十六州的长期失陷,北京大名府此时差不多快成了契丹威胁的边城。文人学者的纷纷南撤,生源明显递减。因此,通常公事较繁忙的国子监教授,反而成了一个较轻松的闲职。黄庭坚写过一首《林为之送笔戏赠》的五古诗调侃自己为"冷官"。在诗中他夸赞受赠的毛笔特别好使,仍难免不时被闲置,有那么点以物寓人,自嘲作者"饱食终日,无所用心"的意思。

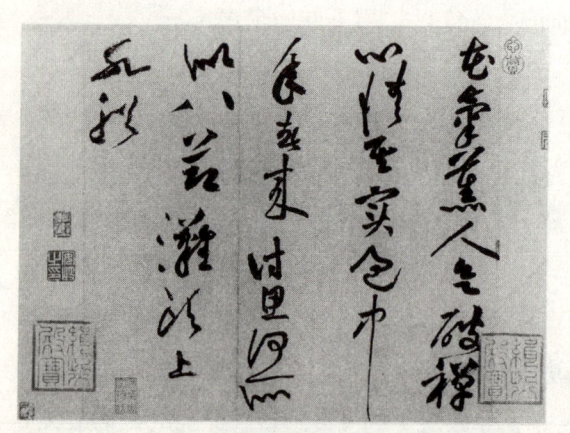

黄庭坚《花气熏人帖》草书,纸本。现藏台北故宫博物院

由于管理的事务比以前的容易了,黄庭坚每天花不多的时间和精力,即可把公事办理完毕,其余的大量时间都可任由支配。随着时间的推移和环境的变换,加之生活阅历的增加,即将进入"而立"之年的黄庭坚心态渐渐归于平静,为人处世也更成熟老练一些。他利用学官工作的便利条件,遍览群书,自称:昼,书不离手;夜,无书不成眠。不仅重读儒家经典史籍,还遍览诸子百家学著,兼及稗官野史和神话传说。他认为:"士大夫三日不读书,则义理不交于胸中,对镜觉面目可憎,向人亦语言无味。"(《苏轼文

三、青年：仕途蹭蹬

集·记黄鲁直语》)

总而言之，在国子监的这一段时间的刻苦读书经历，极大丰富了他的学养，进一步拓展了他的知识面，为他在后来跻身北宋文学大师行列奠定了坚实的基础。

国子监厕所由于学生每日值勤打扫，卫生情况良好。黄庭坚长期服食自制的所谓清火草药，有便秘的毛病。他在国子监频频如厕，故养成了上厕所时都要带上书本一读的习惯。因此，黄庭坚也成为历史上较早的"蹲坑俱乐部"成员之一。

从现存的史料来看，"蹲坑俱乐部"创始人，非西晋的左思（字太冲）莫属。《晋书·文苑·左思传》中说左思为了写《三都赋》，"溷处亦置纸笔"，溷即厕所，在厕所里放纸笔，蹲坑、写作两不误，原本默默无闻的左思，据说就是因为连上厕所的点滴时间也不放过，最终写成了令洛阳一时纸贵的传世名篇，左思可谓中国"蹲坑作家"第一人。通常人们认为，厕所是污秽之地，与高雅不沾边。但左思的成功，以铁的事实证明：蹲坑而好学不倦也是能出名、成才的。

另一个较早"入会"成员则是本朝的文学泰斗欧阳修，他后来还被列为"唐宋八大家"的成员之一。欧阳修在他的《归田录》中说："余平生所作文章，多在三上，乃马上、枕上、厕上也。"这里的"作文章"的"作"是"构思"之意，连上厕所都在"构思"文章，怪不得欧阳修能成为一代文学宗师。他那篇经反复修改而闻名于世的《醉翁亭记》，也许多半是蹲坑过程中一边尽力放松肛肠，一边冥思苦想的成果。

黄庭坚为人正直忠厚，喜好交朋结友，平时不仅热衷与国子监同僚、侍讲、学师研讨学问，还乐意跟太学生交朋友，并同王纯亮（字世弼，后为黄庭坚的三妹夫）、谢子高、崔常甫等年轻太学生成为好友，彼此经常在一起互相切蹉诗文。

他在与国子监的诸生谈读书体会时，认为读书先要做到"三不"，即灵魂纷乱不可读书，心境摇曳不可读书，功利浮躁也不可读书。只有这样，心思才能真正进入书本中，学到有用的知识，成为博学多才之人。

徜徉书山文海，在追寻诗的意境过程中，随时会触发诗人的创作灵感。

正是在国子监教授的学官任上，黄庭坚以诗歌为主体的文学创作，进入了他生平的一个高峰期。诸如《呻吟斋睡起五首赠世弼》《送吴彦归番阳》《丙寅十四首效韦苏州并序》《林为之送笔戏赠》《次韵奉送公定》等名篇，以及组诗《赋"未见君子，忧心靡乐"八韵寄李师载》《圣柬将寓于卫，行乞食于齐，有可怜之色，再次韵感春五首赠之》等等，均是此一时期创作的传世佳作。

黄庭坚初任学官时期的诗歌创作，有两个较为明显的特征：

一是受个人生活阅历和学官相对狭窄的生活环境所限，他的诗作多取材于诗友、文人之间的书简往来和酬唱赠答。除了与当时在徐州的苏轼诗文唱和较多以外，还和澶州司户参军晁补之（字无咎，号归来子，与黄庭坚、秦观、张耒并称"苏门四学士"）、滑州司户参军廖正一和他未来的第二任岳丈谢景初（字师厚，号今是翁）等人有不少的诗文往来。

二是因天天与学人和书本打交道，他在创作构思中往往经意或不经意从史籍典故中用材取意，故他这一时期诗作始习于大量用典，有的甚至通篇用典。我们从这些散发着书卷气的诗作中，不难看出他后来极力标榜的"以学问为诗"的创作理论之缘由。

除了读书、写诗之外，每天练习书法，笔不离手，是他从少年时起就能坚持做到的。从这一时期他创作的楷、行、草书法作品来看，可以窥见他在刻意摆脱临摹古碑文书帖的旧行迹，朝着力追二王（二王：王羲之、王献之）神髓，博采颜真卿、杨凝式、张旭、怀素等众家之长的方向演变，其结势挺拔、纵横奇崛和侧险取势的独特风格开始有所显露。

连任学官

虽说宋朝的国子监教授俸低官微，但对个人学问素养和专业水平却要求颇高。比如说那时文人必备的"棋、琴、书、画"之基本功，还有国子监必修的"礼、乐、射、御、书、数"六艺，就须样样拿得起、放得下。宋时科举入仕做官的圈子中流行过一句"百书千书，慎批文书；千官万官，莫当学官"的口头禅。

三、青年：仕途蹭蹬

据《大名府志》中记载："黄庭坚为教授，文行足为学者规范，当时甚推重焉。"说白了，推重是因黄庭坚才学堪当大任，仍为教授则是因为他不善于官场投机钻营，绝对属于"发奋努力工作等着上级提拔"的那一类。

如果要说志大才高的黄庭坚，当了三年多的从七品国子监教授，连转个正的机会都没有，也是不符合事实的。

这话还得从更早之前他任叶县县尉时说起。有一次黄庭坚到一个邻县出差，调查一个民事纠纷案子，不料路途遇上暴风雪，困在一个叫新寨的地方。恰巧这一次忘记了随身带书，人在外而无书可读，对于嗜书如命的黄庭坚来说，比没饭吃还难受。于是，习惯性的入夜难眠，有感而发写了一首题为《冲雪宿新寨忽忽不乐》的好诗：

> 县北县南何日了，又来新寨解征鞍。
> 山衔斗柄三星没，雪共月明千里寒。
> 小吏忽时须束带，故人颇问不休官。
> 江南长尽梢云竹，归及春风斩钓竿。

信息传播的重要性，古今同理。偏偏这首令人称颂的原创诗歌，不知通过什么途径传到了千里之外的汴京，引起了时任参知政事（副宰相）王安石（字介甫，号半山）的关注。

"拗相公"（王安石性格固执，被人们称为"拗相公"）此时正在为推行新法而网罗天下人才，自然眼睛会紧盯着各地青年才俊不放。据说王安石读过此诗不禁击节赞叹："黄某清才，非奔走俗吏。"

也许正是这个原因，黄庭坚随后参加竞争激烈的学官考试能顺利通过，并由八品县尉提拔为从七品学官。王大人是暗助了一臂之力的，或至少在审批各地进呈学官名单时，在黄庭坚之名下爽快勾上了一朱笔。

这就是俗话所说的"朝中有人好做官"的好处。王安石因欣赏黄诗而记住了当时还默默无闻的黄庭坚的名字，何况此时的王安石已升任宰相，处在"一人之下，万人之上"的高位，在朝中说话可谓一言九鼎，此等不上台面的小事，喝着茶就给办了。

然而，黄庭坚从县尉升任学官之后的好几年，升迁之路又基本上是打住了，依然"一二一"原地踏步不动。难道是王安石认为黄庭坚不堪重任，或者是徒有虚名的非可造之才？综合诸多史料分析，答案是否定的。那么，问题究竟出在哪里呢？其实，概而言之来说，就是一句话：道不同，不相与谋。

先看王安石一方，他任地方官政绩斐然，在朝中也几经沉浮，他了解国政民情，善于理财，学问在士大夫中出类拔萃。时人称赞他质朴节俭，夸耀他视富贵如浮云，钦佩他好学深思。更为重要的是：在宋神宗的支持下，王安石致力于推行新法，以发展生产，富国强兵，挽救宋朝政治危机为目的；以"理财""整军"为中心，发起了涉及政治、经济、军事、社会、文化各个方面的一次规模巨大的社会变革运动。但是，这场变法，由于脱离实际和过于理想化，一开始就遇到了以富弼、文彦博、司马光等为代表的反对派的强力阻扰，不仅一段时间内是雷声大、雨点小，而且强制推行开来，即弄得民怨沸腾，举步维艰。

再看黄庭坚一方，对于王安石的人品和才学，作为江西籍的小老乡黄庭坚，可以说是慕名已久，身不能至，心向往之。对于他提出的"人言不足恤、祖宗不足法、天命不足畏"的"三不足"变法宣言，以及坚定不移地推动变法的魄力和果敢行动，他都是由衷敬佩的。但对于新法的大多数内容和变法手段的失策，他也是多持有反对或保留意见的。

简单地说：黄庭坚与王安石的政见不同。

在宋神宗熙宁、元丰年间，支持还是反对变法，成为朝中划分党派的分界线，并由此引起了水火不相容的新、旧党争。凡支持变法的人称为新党，不支持变法的人划入旧党。随着两党之间的矛盾愈演愈烈，似乎不可能存在黄庭坚

黄庭坚瓷板像——胡武军绘（摄影 戴祥福）

自认的第三阵线。黄庭坚身为学官而不愿推行新学，被列入旧党人物在所难免，但他却不以为然，总认为自己不属于任何派别。以此之故，无论是新党执政，还是旧党得势，他都是两头不讨好，更不用说能被当政者量才使用，开启仕途步步升迁之路。

　　黄庭坚担任了两届北京学官，共7个年头。冷官一做就是多年。在极权专制社会里，不屑于送银子、跑门子、拉关系的正直清廉者，遭冷遇是常态。

　　熙宁、元丰十几年间，朝廷的政治生态持续恶化，到后来王安石丧子，罢相，伤心回金陵；宋神宗用兵西夏，永乐城（**今属甘肃**）大败，曾经豪情万丈的宋神宗六神无主，一病不起。这个年轻登基的皇帝自我意志力太强，不懂无为而治，形成太多的执政盲点，导致国家内忧外患，灾难深重，民不聊生。

　　在危机四伏、动荡不安的政局中，尽管黄庭坚的学官职位一直没有变化，但他个人生活方面却发生了两次较大的变故：

　　一是他在发妻孙兰溪逝世几年后，经友人的撮合和新岳丈谢景初（**字师厚**）的赏识，娶了师厚之女谢氏为继室。谢景初与黄庭坚早就相识，二人之间通过书信方式多有诗歌唱酬互动。谢一直极喜黄诗，认为黄诗宗杜甫而变其貌自成一体，自云："吾得婿如是足矣。"没想到是：果然一语成真。

　　谢氏知书达理，持家勤俭，孝敬婆婆，夫妻感情和睦，然而天妒红颜，约于1079年不幸在北京住所病逝，年仅22岁。谢氏生育一女孩，起名黄睦，乳名睦娘，由黄老夫人抚养。

　　二是从家乡来的书信获知，一直在分宁主持家业的兄长黄大临，在黄庭坚寄回的有限钱物的资助下，把陆续长大成人的弟妹们的婚姻大事逐个办妥。大临还打算在近期抽身北上，准备以昔日举人的身份候补官职。这些多少都能令黄庭坚感到些许欣慰。

苏黄订交

　　虽说人生不如意事常十之八九，黄庭坚早已习以为常，能做到得固欣然，失亦坦然。然而，在频频有征兆的情形下，黄庭坚与苏轼两位绝世的文学巨匠的订交，也就是起自黄庭坚初任学官时期。

熙宁五年（1072）初，黄庭坚任职北京国子监教授不久，时任杭州通判的苏轼（字子瞻，号东坡居士）在友人哪里听说过黄庭坚的名字。同年底，苏轼赴湖州公干，免不了要拜会既是当地父母官又是老朋友的孙觉。在孙觉的寓所，宾主一阵寒暄后，孙觉拿出一卷黄庭坚诗文请苏轼过目。苏轼翻阅几篇后，大加赞赏。片刻之后，宾主继续之前的话题：

"苏大人是公认的当今文坛盟主，下官女婿黄鲁直工诗善文，还望大人多加提携和关照呢。"孙觉笑着说。

"哦，令婿之诗文俱佳，超逸绝尘，韵味古朴，适才拜读，差一点还以为非今世之人耶！"苏轼回答道。

"此子，人知之者尚少，子瞻兄可为其扬名乎？"孙觉为女婿央求道。

"哈、哈！此人如精金美玉，不即人而人即之，将逃名而不可得，何以我称扬为？"苏轼连声笑着回答。

苏轼告辞之际，又转身对孙觉说："莘老兄，令婿之才不待多言，然观其文以求其为人，必轻外物而自重者，今之君子，莫能用也！"

对苏轼入情入理的一番话，孙觉不住地点头称是。因为在他的眼中，当今之世，论纵横全才，只有苏轼与黄庭坚堪称出类拔萃，而且苏轼是百年难遇的天才，以深度和广度而论，苏还在黄之上，可以说在当今文坛，苏轼如果说他第二，就绝对没人敢称第一。

在苏、孙这次有关黄庭坚的谈话中，苏轼以其敏锐的目光，看出黄庭坚具有卓越才华的同时，也洞察到了他兀傲脱俗、难为世用的秉性特点。可谓是推己及人，一语中的。对于孙觉来说，尽管此时爱女孙兰溪已经去世了多年，黄庭坚续弦娶了谢氏，但孙觉还是把黄庭坚视为自己的女婿，仍然为推举

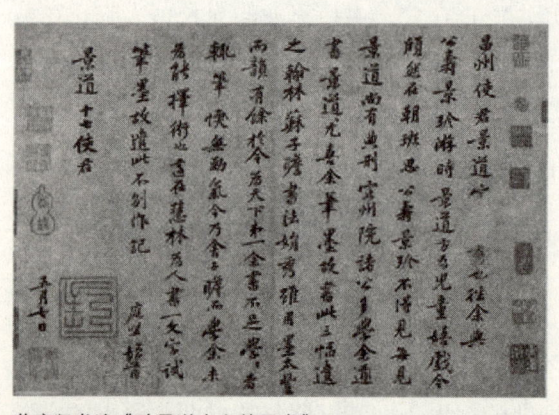

黄庭坚书法《致景道十七使君书》

三、青年：仕途蹭蹬

绝世高才的黄庭坚而不遗余力地奔走呼号。

大约过了五年，苏轼转徐州赴任，辗转途经济南时，拜会了时任齐州知州的老朋友李常，同时也结识了正在此探亲的庭坚兄长黄大临。苏轼与大临一见如故，又在李常处阅读了黄庭坚少年游学时的习作和近年寄给舅父的大量诗文作品，对黄庭坚更是称赏有加，坚信他的诗文不但会独领时代风骚，还将扬名天下和影响后世。

仍在北京任学官的黄庭坚，从岳丈孙觉、舅父李常的来信中，得知有"天下第一才子"之称的苏轼对自己的高度赞誉后，于元丰元年（1078）第一次写信给苏轼，表达感激和钦佩之情，同时寄去题为《古诗二首上苏子瞻》的近作，虚心向苏轼求教：

（一）

青松出涧壑，十里闻风声。
上有百尺丝，下有千岁苓。
自性得久要，为人制颓龄。
小草有远志，相依在平生。
医和不并世，深根且固蒂。
人言可医国，可用太早计。
小大材则殊，气味固相似。

（二）

江梅有佳实，托根桃李场。
桃李终不言，朝露借恩光。
孤芳忌皎洁，冰雪空自香。
古来和鼎实，此物升庙廊。
岁月坐成晚，烟雨青已黄。
得升桃李盘，以远初见尝。
终然不可口，掷置官道傍。
但使本根在，弃捐果何伤。

苏轼回信评点其"古诗二首，托物引类，真得古人之风"，称赞其"超逸绝尘，独立万物之表；驭风骑气，以与造物者游"，并自谦"轼非其人也"(《答黄鲁直书》)；黄庭坚也由衷赞许苏轼"学问文章，度越前辈"(《上苏子瞻书》)，并一再表示要追随苏轼左右，以成为苏门的入室弟子为荣。

此后，苏轼的虚怀若谷、坦诚相待，黄庭坚的高山仰止、见贤思齐，频频见诸于二人的来往书信之中，让人感受到两大文豪的惺惺相惜之意。

以黄庭坚上书苏轼《古风》二首为起点，苏、黄相交开始成为文坛一段佳话。此后两位北宋文坛的巨擘，虽长时期没有见面会晤，但神交已久，书信往来频繁，既互表钦佩和思念之情，又相互勉励和切磋诗文，结下了足可以跟唐代李白、杜甫比肩的，令人赞叹的真挚、深厚和终生不渝的友谊。

主政太和

宋元丰三年（1080）秋，黄庭坚连任学官期满，由北京南下汴京，到朝廷改官，此时却正好碰上苏轼"乌台诗案"事发，黄庭坚受到牵连，有人举报他"收受讥讽文字而不申缴"，还被罚款约一百多两银子。几经转折之后，最终被任命为吉州太和县（今江西泰和县）知县。

这次改官好歹升迁为独当一面的七品知县，而且吉州与分宁相距不远，总算是实现了他当初期待在家乡附近任职的愿望。从他出发时吟咏的"又持三十口，去作江南梦"(《晓放汴舟》)的语调来看，他的心情是较轻松愉快的。

正秋风萧瑟之际，他携家带口从汴京南下，到淮南东路附近时，黄庭坚盼咐随从护送家属先行往吉州，他要旧地重游，与当年游学时期结识的一班朋友畅叙离情别绪。

黄庭坚先是前往楚州山阳拜会以孝行著称的朋友徐积（字仲车），接着到高邮拜访词曲大家秦观（字太虚，又字少游），并带来了他自己编订的《焦尾》《敝帚》两本诗集请秦观鉴赏。秦观后来在与友人的通信中多次对黄庭坚的诗集大加赞赏，认为他的诗歌"文章高古，邈然有二汉之风"。

辞别好友秦观之后，他由扬州溯江西行，过芜湖会见同科进士李之仪（字端叔，北宋词人），又在舒州与舅父李常再度聚首。

　　黄庭坚逗留舒州期间，创作组诗《庭坚得邑太和六舅按节出同安邂逅于皖公溪口（简略）寄呈十首》。有一天，他与舅父一起去潜山游玩。潜山为佛教和道教名胜之地，山中有一山谷寺，为南朝梁代宝志禅师所建。黄庭坚在石牛洞刻石题名并赋诗三首，其中的一首"司命无心播物，祖师有记传衣。白云横而不度，高鸟倦而犹飞"（《题山谷石牛洞》），就直白地表达了乐游山水林泉之胜地和对佛道境界的神往，此后他自号"山谷道人"。再后来黄庭坚与苏轼成为北宋文坛齐名的领袖人物，人们习惯对应称二人为"山谷"和"东坡"。

　　由于一路拜访亲访友和寄情于山水之乐，他在元丰四年（1081）春夏之交，才抵达太和县任所。

　　一县之长大驾光临，在山高皇帝远的太和，自然是非同小可。知县大人在县衙刚坐定升堂，县中大小官吏便忙来伺候；儒、学、工、商中有头有脸的人物都来问候，关怀可谓无微不至，不是亲人胜似亲人。旧时所谓父母官的称呼，往往在此等场合才体现得名副其实。

　　黄知县退堂之后，前来拜见的人流依然不断。有的送来接风洗尘的酒宴请贴，有的送见面礼银子，还有的来装熟人、攀亲戚，弄得黄庭坚内心不胜其烦，表面上还得不住地含笑"亲民"。说了无数的好话，找了些不咸不淡的理由，才算退还了价值不菲的钱财礼品，送走了不请自来的各色人物。

　　好在北宋时期的交通不便，信息闭塞，人们对县太爷黄庭坚的鳏夫之身尚不知情，否则，就算是旧时的美女足不出户，难以制造出投怀送抱的绯闻，但偌大的太和县，如一时间多出百十个以"婚介"为临时职业的人，也算是经得起推敲的情理之事。

　　有时候你得承认"姜还是老的辣"这句俗语，确实是经得起历史检验的"真理"。年逾花甲的黄夫人，刚把随儿子到任所的一大家安顿好不久，就悄悄地托亲友给儿子找填房媳妇。到第二年事情刚有点眉目，她就从重、从快、从秘地把儿子的婚姻大事给搞定了。

　　黄庭坚低调续娶的第三任妻室石氏，由于出身低微，史书和家谱上都没有也不可能留下她的芳名。石氏先做黄夫人的贴身丫鬟，因性情温厚善良，得到黄夫人的青睐，算是面试合格，才悄然登堂入室。

主政太和之初，免不了衙门里的大小政事，知县大人黄庭坚得亲力亲为，特别是没完没了的迎来送往和各种名目繁多的酒宴，让他感到疲倦和厌烦。好在之前他当过一任县尉和两任学官，对于看不惯的种种官场做派，多少学会了容忍并从中周旋。因为官微言轻，对于日益蔓延的官场腐败和污浊的社会风气，他既无比痛恨，又感到无能为力，甚至有时入乡随俗，随波逐流也是难免之事。

然而，作为一个有良知的儒家士大夫，对于宋朝国势羸弱、强敌枕戈待旦的局面，以及王安石推行变法导致的混乱局势和由此引起的愈演愈烈的党派之争，他是忧心忡忡，时常寝难安枕。他敏锐地预感到了国家已陷入空前的政治危机，但又苦于始终找不出化解危机的良策，更看不到出路在哪里？

到任太和知县之初，他写下了《到官归志浩然二绝句》的诗歌来表明心迹。从"满船明月从此去，本是江湖寂寞人""敛手还他能者作，从来刀笔不如人"等诸多诗句中，可从字里行间看出归隐之意。特别是再次续弦之后，安置在太和的家庭相对较安定，使他暂无家庭所累的后顾之忧。他在与亲友的诗词唱和中，辞官归去之意更浓。如"蚤为学问文章误，晚作东西南北人。安得田园可温饱，车抛簪绂裹头巾"（《同韵和元明兄、知命弟九日相忆》）、"莫要朱宝缠缚我，陆沉世上贵无名"（《次韵杨子闻见赠》）等诸多诗作，表达了与日俱增的厌烦官场情绪，回归田园的志向亦更加直白。

爱民亲民

黄庭坚纵使职位低微，却始终保持了一个士大夫清正廉洁和"不以民为梯，俯仰无所怍"（《寄李次翁》）的品行操守。在太和上任不久，他亲笔书写下后蜀主孟昶《戒石铭》中的"尔俸尔禄，民脂民膏；下民易虐，上天难欺"十六字箴言，并刻成石碑立在官署门前，旗帜鲜明地表达和传扬匡扶社稷、廉洁从政、敬民爱民的心志。

总的来说，他与现实政治的矛盾或者说不兼容，主要是对新法扰民的

三、青年：仕途蹭蹬

强烈不满。他主政太和期间，朝廷加紧在各地推行食盐专卖政策，给平民百姓造成了巨大的痛苦。他为此"民病我亦病，呻吟达五更"，可以说是忧心如焚，彻夜难眠。于是，他深入边远乡村调查，访贫问苦，对这种剥削百姓的新政，他写下大量诗歌进行了猛烈的抨击。

黄庭坚任官一方，施政宽简，主张"因法以便民"。对于王安石强制推行的新法，他在不得不执行的过程中，也敢在实际中做出一些利民的调整修改；对于害民扰民的，则想方设法予以抵制，尽可能减轻新法给民众带来的危害。

北宋的官盐售卖实则是一种变相的税收制度。由于官盐质量不好，价格偏高，难以与屡禁不止的私盐竞争。官府打击私盐不力，就利用权力，强制城乡人民定额购买官盐，甚至不买官盐也得按户计口纳钱。各级官吏还以克扣斤两、哄抬盐价、以次充好等名目，从中剥削民众。

由于有利可图，当时绝大多数州县乡官吏，均不遗余力争占盐赋份额，以此邀功和获利，唯独太和县不是这样。为了弄清楚情况，黄庭坚深入到太和县最边远的大蒙笼等地做调查摸底。他发现山民们向来不待见官府，经过与民众面对面交流，才明白官盐专卖损民的要害所在，正如他的《上大蒙笼》诗所反映的一样：

> 黄雾冥冥小石门，苔衣草路无人迹。苦竹参天大石门，虎远兔蹊聊倚息。阴风搜林山鬼啸，千丈寒藤绕崩石。清风塬里有人家，牛羊在山亦桑麻。向来陆梁嫚官府，试呼使前问其故。衣冠汉仪民父子，吏曹扰之至如此！穷乡有米无食盐，今日有田无米食。但愿官清不爱钱，长养儿孙供驱使。

诗的后四句是写实，状眼前所见之景。山里百姓原本是有米无盐，将就吃些不放盐的清淡食物，如今因配盐连买米的钱都剥削完了，只能是忍饥挨饿。如此这般，黄庭坚呼吁朝廷应改变政策，与民休养生息，让百姓安居乐业，以繁衍子孙源源不断地供给劳动力，国家才能长治久安。

黄庭坚下乡本是为赋盐而来，身为知县，朝廷的政令不能不执行，但他看到山里老百姓实在太苦太穷，遂决定宁可完成不了赋盐任务，也决不伤害可怜的山农。他此番下乡赋盐,足迹踏遍了太和县的山山水水,先后到过大蒙笼、万岁山、早禾渡、观山、劳坑、刀坑口、雕陂等深山老林地带,甚至人迹罕至的水槎十八排山峰他都曾涉足。

雕陂是在罗霄山脉下人烟罕至的地方。当地山多田少,土地贫瘠,山民主要以烧炭为生。

当身穿粗布短衫、脚着麻鞋的知县大人黄庭坚,仅带两名跟班衙役绕着羊肠小道,翻山越岭到达村里,闻讯赶来的山民们简直不敢相信自己的眼睛,他们把老村长家围得水泄不通,连大山深处破山寺的老和尚也赶来看热闹。

"乡亲们,请呀,请大家安、安静一下,有请知县大人训话。"老村长激动得语无伦次,并带领乡亲齐刷刷地跪下,不住地向知县大人叩头谢恩。

"父老乡亲们,大家快快请起呀!鄙人也是农家子弟出身,要是不做官,跟大家没什么两样呀!"黄庭坚亲切诚恳的话语,马上拉近了彼此的距离。

"老衲佛寿八十挂零,知县大人进山到此荒野之地,可谓是盘古开天地头一回呀!出家人不打妄语,各位施主然否?"老和尚站出来说话。

民众齐声称是,都说在深山老林面对面见到县太爷,是大姑娘坐轿头一回。

"乡亲们,我同样是长得一个鼻子,两只眼睛,跟大家没什么两样吧?哈、哈!"黄庭坚说罢,忍不住放声大笑。

山民们都被逗乐了,纷纷上前请县令大人上家里喝茶吃饭。黄庭坚也乐意与村民里短家长的拉家常,从中了解民众生活的真实情况。

黄庭坚每到一地,如无特殊情况,他都会赋诗一首以记行踪。他的《雕陂》诗中就有一句写道:"僧言生长八十岁,县令未曾身到此。"另有一句还写道:"吾以王事笃行李,知民虚实应县官。"也就是说赋盐不能强迫行事,要按照老百姓家境的有无和承受能力,来分别确定他们买盐数量的多少,切忌搞一刀切,这是做县官应把握好的分寸。其结果也正如《宋史·黄庭坚传》所载:"知太和县,以平易为治。时课颁盐荚,诸县争占多数,太和独否。吏不悦,而民安之。"

经过多次深入乡村、农户的细致调查,黄庭坚对于新法失措了然于心。

比如王安石最为看重的"青苗法",推行的初衷本是利为民所谋。王安石在鄞县任地方官时曾做过试验,"贷谷于民,立息以偿",效果也确实不错。然而当他将此法推向全国并同比例放大,却南辕北辙了。

黄庭坚执行新法不力一再受到上级的斥责,他本是不在乎仕途的人,所以仍然是我行我素,对推行新法采取择善而从,不善则抵制的态度。

由于黄庭坚坚持以民为本,在太和任上施政建树良多。他关心民众疾苦,向朝廷积极争取免除了太和的赋役;还鼓励渔牧,修筑官道,兴修水利,发展教育,使任内太和县政通人和,社会稳定。

特别是审理民讼方面,他秉公裁决了多起疑难案件,在太和民众中赢得了"黄青天"的声誉。

就任知县的第二年,有一天县衙刚升堂,就有一小民状告大姓人家侵占自己的祖坟。古人重风水,黄庭坚就是风水高手。当时豪门富户占夺小民好坟地的案子很多,黄知县决定亲自去查验。到坟头一看,果然是块风水宝地。

被告申辩说:"这本来就是我家新修的坟头,大人您看,泥土还没干呢,怎么成了他家的祖坟?"

小民申辩道:"坟头虽然是新的,那是新盖的,底下还有老土,却是我家的。"

黄知县令人拿铁锹挖,果然挖出了一块墓碑,上面赫然列着小民祖先的名字。墓碑为凭,铁证如山,大姓富户恶意侵占,以强凌弱,知县大人岂能容忍,于是判了大姓一个强占土地之罪,将坟地判给了小民。案子顺利了结,有此前车之鉴,当地的一些大姓富户再也不敢胡作非为。

拂逆上司

太和民众对他们的父母官称誉有加,上级官府却不答应了。吉州的孙知州在下达的催办公文中,对太和县完不成官盐配额和青苗贷款已是颇有微词,见下级黄庭坚连多次暗示的"白米"(银子),都不知道来打点,忍不住私下里骂道:"什么狗屁知县,我看他是一无所知的'白痴'!"

登快阁
黄庭坚
痴儿了却公家事
快阁东西倚晚晴
落木千山天远大
澄江一道月分明

江西泰和县快阁

　　孙知州骂归骂，最后还是决定坐着四抬大轿下基层体察一下"民情"。前呼后拥的一行人抵达太和县境五里长亭，见下级黄庭坚并未来迎候，知州大人的脸色就有点挂不住了。勉强被迎进县衙，孙知州就背着双手、迈着八字方步在大堂里瞎转悠，三番五次将惊堂木拍得震天价响，盆里不是钵里不是地乱找茬，但见黄庭坚的腰身快弯成了虾米，还毕恭毕敬地忙陪不是，孙知州一度拉长的脸才算慢慢地复归原位。

　　县衙举办的盛大接风晚宴，可谓富丽堂皇，与州里官宴也有得一比。天上飞的、水里游的、山上跑的、地里出的应有尽有，可谓色、香、味俱全。如此超规格破费，是黄庭坚出任知县以来的头一次，毕竟顶头上司不断地给脸色，他不能不尽地主之谊，以求挽回一些影响。

　　品尝过美味佳肴，加上喝下几大杯太和特产老冬酒，年纪不算大，但有些过早发福的知州大人，一边下意识地拍打着隆起的腹部，一边连声夸："好酒，好酒，太和老冬酒果然名不虚传呐！"接着又笑从双颊生地说："黄大人，我现在是酒足饭饱，想来接下来的节目更精彩吧？哈……哈！"

　　黄庭坚自然不难听出孙知州话里有话。心想：好色也得分个场合，还

三、青年：仕途蹭蹬

没见过如此给脸不要脸的，还是进士出身呢，真是令斯文扫地！当时本就想发作的他，在县丞陈吉老（字子州，时任太和县丞）等的示意劝阻下，还是忍气吞声地回话道："小县偏僻之地，比不得吉州的风花雪月。依下官之见，天色已然不早，还是请孙大人客馆早歇息吧？"说罢，黄庭坚即转身告辞回家，让反应不及的孙知州半晌未合拢嘴，尴尬得没有说出一句话。

碰了软钉子孙知州一大早即不辞而别。至于以往下县、乡常有的大包、小包的土特产，以及长亭外、古道边依依惜别的风光，他早就没心情惦记了，他一路惦记的只有一句话："等着瞧吧，看老子怎么收拾你！"

被孙知州折腾了一整天的黄庭坚，自然是心情坏到了极点。一想起孙知州端足架子的官僚做派和满肚子的男盗女娼，就好似吃下一只苍蝇，令他反胃不已。他知道得罪了顶头上司，不会有什么好结果，但本来就已厌烦官场的他，早已将一切置之度外，也就顾不上那么多了。

黄庭坚与上级的关系不睦，在吉州官场已是公开的秘密。小肚鸡肠的孙知州不时地给太和县找茬，弄得黄庭坚内心很是不爽。然而，太和毕竟地处江南西路的中心腹地，交通便利，不乏文士名流慕名与黄庭坚相会和唱和。通过频频与旧友新知的交往，他会暂时忘却官事的烦恼，获得精神上的慰藉。在与心律相通的诗文友人的唱酬中，他可以袒露自己的心扉，一吐胸中郁积的块垒。如元丰四年所作的《次韵和答孔毅父》《再用旧韵寄孔毅父》（孔平仲，字毅父，和两位哥哥孔文仲、孔武仲被称为"临江三孔"）两首七言歌行，就写得抑扬顿挫，流露出一腔壮志难伸的慷慨不平之气。

除三孔之外，黄庭坚与周寿（字元翁，周敦颐长子）、余卞（字洪范）、陈吉老等的交往，以及相互间的诗文赠答，都反映出文士朋友间性趣相投、肝胆相照的真挚情谊。

中年得子

黄庭坚的前两任妻子过早离世，均没有给他生育男丁。以分宁土俗来看，他应是"克妻"命相，很难有子嗣继香火的。为此，黄老夫人的忧虑几乎日日挂在脸上。

好在天无绝人之路,到收用石氏为第三任妻室的第二年,也就是他任三年多的太和县令即将期满离任之际,出身低微的石氏总算为黄老夫人圆了抱孙子的梦,为久未听到婴儿哭声的黄家产下一白胖小子,取名黄相(字嘹然,小名小德)。与官场的不如意相反,儿子的降生也给黄庭坚带来了少有的快乐。

襁褓中的儿子黄相,看上去眉清目秀,天庭饱满,里中方士看过相后,认为此子天生富态,乃多子多福的富贵命。黄庭坚中年得子不容易,对正在摇篮里酣睡的儿子是异常疼爱,全家人都把新生儿黄相视为掌上明珠。黄庭坚每天下班回家,看到老母亲含饴弄孙,他就会忘却公事的烦心,脸色立马阴转多云。

太和与分宁相距不远,与家乡的亲友来往较为便利。兄长大临,以及叔献、叔达、仲熊三个弟弟,还有一直随他赴任所的几个妹妹,不时往来分宁与太和之间,少则做客十几天,多则住下三四个月,这都给黄庭坚带来了难得的慰藉和快乐。

前段时间,他应邀赴赣州南康协办乡试。一路看到荷花映日,莲实累累,由此想起了儿时与兄弟们在家乡采摘莲子的情景,于是有感而发,即兴创作了著名的《赣上食莲有感》诗:

莲实大如指,分甘念母慈。
共房头㦬㦬,更深兄弟思。
实中有么荷,拳如小儿手。
令我忆众雏,迎门索梨枣。
莲心正自苦,食苦何能甘。
甘餐恐腊毒,素食则怀惭。
莲生淤泥中,不与泥同调。
食莲谁不甘,知味良独少。
吾家双井塘,十里秋风香。
安得同袍子,归制芙蓉裳。

该诗抒写因睹物思亲而浮想联翩,通过所见到的莲子联想到母亲的慈

三、青年：仕途蹭蹬

爱，以及对兄弟们和众儿侄辈的的思念，而通过莲心的苦与莲出淤泥而不染的品质，表达了自己做官的气节和操守。

除了友情、亲情的慰藉，黄庭坚还能从山水佛禅中寻求精神寄托。离太和不远有座青原山，唐朝时期，行思高僧在此建静居寺弘扬佛法，开启信众甚广的青原一系，故被称为"青原行思"，与"南岳怀让"并重于世。青原行思与南岳怀让成为禅宗六祖慧能大师的两大法嗣（**法嗣：禅宗指继承祖师衣钵而主持一方丛林的僧人**）。

早年就向往佛禅的黄庭坚，频频来到青原行香礼佛，与得道高僧研讨佛理禅机。此外，黄庭坚的足迹还遍及邻近州县的山水胜境和佛门寺院，吟咏出众多的乐于山水和参悟禅意的诗歌和词曲。名扬当世和后世传诵不衰的七律《登快阁》，就是他在这一时期精神境界的最好写照：

　　痴儿了却公家事，快阁东西倚晚晴。
　　落木千山天远大，澄江一道月分明。
　　朱弦已为佳人绝，青眼聊因美酒横。
　　万里归船弄长笛，此心吾与白鸥盟。

这首著名的七律就是诗人登临快阁、倚阁揽胜时写就的。全诗勾勒了一幅深秋傍晚的山水图画，抒发了为官在外的一种无可奈何、孤寂无聊的思乡之情，咏叹的是世无知己之感慨。其中的颔联"落木千山天远大，澄江一道月分明"成为斐声古今的经典名句，不仅因其白描写景，意境深远，更因为映照出浩然豁达的胸襟气质，崇高洒脱的人格境界。诗中无论是叹知音难觅也罢，酒不醉人人自醉也罢，最后归结为乘归舟、弄长笛，归隐山林的出世想法。

从元丰四年（1081）春到元丰六年（1083）冬任太和（今江西泰和县）县令期间，正值年富力强的黄庭坚作诗300多首，约占其存世诗歌1900多首的六分之一，进入了他诗歌创作又一个高峰期。这些诗作主要有两部分内容，一部分是朋友应答唱和、即席应景逞才斗学之类；另一部分是直陈时事，抒发情怀，反映了他这一时期感叹怀才不遇、不甘沉沦下僚和寻求解脱的心路历程。

四

壮年：文坛扛鼎

北移德平

　　宋元丰六年（1083），黄庭坚获得"移监德州德平镇"的调令。北宋时期官场所谓的"移"，即职务平级调动的意思；"监"是相当一个县的级别而又有着某种重要性的治所，但更侧重于监管经贸财税方面。"德平"即指京东路治下的德州德平镇（今属山东）。

　　黄庭坚任太和知县三年期满，由于执行新法不力，政绩考核为中等，加上上司孙知州趁机公报私仇，在太和为官一任且颇有政绩的黄庭坚调去德平镇担任知监一职，表面上职务未升也未降，但调往了距离分宁遥远的北方地区。

　　黄庭坚是元丰六年（1083）接到吏部调令的，距上任期限尚有几个月的时间。他拟定对全家40多人口作必要的精简，以尽可能轻装简行。至于他诗文中口口声声提到要归隐，此时根本由不得他。因为上要孝敬年迈体衰的老母亲，下要抚养刚出世的儿子，家乡还有众多的子侄、外甥需要他

江西修水县双井村黄庭坚故居（摄影 戴祥福）

四、壮年：文坛扛鼎

关照和资助。百般无奈之下，他准备先返分宁老家探亲，然后再北上赴任。

黄庭坚决定趁调任之间的时间空隙，就近走山路回一趟分宁老家。为了节省时间和便于翻山越岭，他把母亲、妻儿留在太和，托付给好友陈吉老照看，打算他从老家返回时，再携家眷一起北上往德州。

太和的百姓听说爱民如子的黄知县要走，纷纷不约而同前来送行。有位老农一大早步行80里山路，从雕陂大山里赶来送他，执意要黄知县收下他亲手种的竹蒿薯、红瓜子各一袋，并代表全村的父老乡亲拜别爱民如子的黄知县，才肯起身离去。此等情景，令黄庭坚感动得泪流满面，久久说不出一句话。

黄庭坚为官一任，造福一方，得到了太和民众的真心拥戴。太和历史上难得一见的百姓送官之事，虽不能说是万人空巷，但上百人五里、十里长亭一程又一程洒泪送别的场面，那也是相当壮观啊！

黄庭坚此次选择抄陆路近道回乡，只带了一个老的仆人随行，先后途经新喻、上高、宜丰、铜官等县境。

时值春暖花开之际，沿途群山如黛，草绿树翠，鸟鸣啾啾，蜂飞蝶舞；蓝天淡云，水清沙白，禾苗青青，渔舟唱晚。黄庭坚翻过分宁县边境的茅竹山后，眼见春意盎然的家乡遥遥在望，一首令人交口传诵的词《清平乐》，呼之而出：

> 春归何处？寂寞无行路。若有人知春去处，唤取归来同住。
> 春无踪迹谁知？除非问取黄鹂。百啭无人能解，因风吹过蔷薇。

此词为表现惜春、恋春情怀的佳作。作者在近乎口语的质朴语言中，寄寓了深重的感情。全词构思十分老到精妙，作者一开头即发问，不知春归何处？一心要向别人请教；无人能知时，又向鸟儿请教。问人人无语，问鸟鸟百啭，似乎大有希望得到答案，然而春是谁也留不住的，作者自己也无法理解，这比有问无答更可叹，最后鸟儿连"话"都不"说"，趁着风向翻身飞走。在这番妙趣横生问答的抒写中，作者有感于青春一去不返的一声感怀轻叹，跃然纸上，呼之欲出。

回到家乡的黄庭坚，远离了官场的明枪暗箭和街市的喧嚣，心情是格外轻松愉快。他一再推迟北上的行期,先后游览了分宁的冥鸿亭、抱子石、清水岩、邻县铜官的五松山等风景名胜,山水林泉,呼朋唤友,闲情雅致,自得其乐。还两次祭扫了黄家祖墓。直到赴任期限临近,他才启程重返吉州,准备携家带口向遥远的德州进发。

启程的当天,他写了《夜发分宁寄杜涧叟》七绝一首:"阳关一曲水东流,灯火旌阳一钓舟。我自只如常日醉,满川风月替人愁。"诗中充满离情别绪,却又故作旷达之语,可谓言极淡而情极深。接着又整理出此次回乡的感受,创作了传世名诗《过家》:

> 络纬声转急,田车寒不运。
> 儿时手种柳,上与云雨近。
> 舍旁旧佣保,少换老欲尽。
> 宰木郁苍苍,田园变畦畛。
> 招延屈父党,劳问走婚亲。
> 归来翻作客,顾影良自哂。
> 一生萍托水,万事雪侵鬓。
> 夜阑风陨霜,千叶落成阵。
> 灯花何故喜?大是报书信。
> 亲年当喜惧,儿齿欲毁龀。
> 系船三百里,去梦无一寸。

此诗抒写了一个久别家乡的游子重返故里时的所见所感。首先映入眼帘的是村里村外的景色,接着是辨认出了昔年手植的树木,后又发现邻舍的变化,最后上冢时发现田间的小路都不是以前的模样了。这几句既写出了诗人迷惘复杂的心情,也把匆忙回乡、上坟的次序交代得一清二楚。再接着写亲戚的殷勤招待,写夜深人静之景象,用以反衬白天之忙乱。虽然诗意不断地转折,但脉络却十分清晰,淋漓尽致地表达了作者临别家乡时的依依不舍之情。

黄庭坚挥手告别家乡的亲友,先抵太和溯赣江而上,经江州重游庐山。接着沿着他多次往返过的大江水道,往北地的德州进发。过舒州、润州访亲问友。途经他再熟悉不过的扬州时，听说已罢相的王安石正应友人之邀在此闲居。虽然二人政见不同，但他对王安石的学问、人品向来十分敬重，故以执弟子礼的身份拜见了寂寞赋闲的王安石。令这位因变法失败而退位的老相爷非常感动，似乎对自己当初没有启用品学兼优的黄庭坚，有那么点追悔莫及的意思。此番相逢又别后，双方都写了好几首诗词记述此次相逢的情景。

黄庭坚一路风雨兼程，眼看临近淮河名城泗州。他想起了"临江三孔"之一的孔武仲曾作过《泗州》诗，其中有句"僧伽普照灵如在，宝椟都梁翠倚空。"于是，一进城他就去参拜僧伽塔。当晚下榻僧寺，与淡白住持谈诗论佛，作了一篇《发愿文》，决心戒酒色、戒肉食；还在自赞画像上题写"似僧有发，似俗无尘。作梦中梦，见身外身"的偈语，希望摆脱俗事羁绊，早日皈依佛门。

"客行岁晚非远游，河水无情日夜流"。横渡黄河时，黄庭坚目睹了黄河急流奔腾的雄浑气势，也想到了黄水肆虐易给百姓带来灾害，他写下了有名的《渡河》一诗，诗中呼吁统治者要未雨绸缪、加固河堤和治理水患。

等到黄庭坚一行千辛万苦抵达德平任所时，突然下起的一场滂沱大雨，正好为他们接风洗尘。

上任伊始

安顿好一家老小，初来乍到的镇监黄庭坚，按礼节到德州州衙拜见上司。

知州刘大人年过花甲，老资格的官僚，但还算平易近人，没有一见面就"小黄"长，"小黄"短地打官腔，或"本官年轻时如何、如何"的倚老卖老。只是当问到黄庭坚是治平四年的进士时，他老人家才不经意从牙缝中冒出一句"小字辈"，算是在晚辈面前略微摆了一下谱。

相形之下，作为知州副贰（副贰：指副职，属僚）的赵通判，似乎有些过于清高傲慢，一直在大堂上若无其事地摆弄着自己的胡子。当黄庭坚向他行拜见大礼时，板着脸的他只是略起了一下身，好像黄庭坚欠了他的钱没还似的。

黄庭坚知道赵通判名挺之，字正夫（其子赵明诚为金石名家，儿媳是著名女词人李清照），因为他怀里正揣着舅父李常给赵挺之的亲笔书信。

离开衙门，黄庭坚一路在想：赵挺之那挂面络腮胡须，确实跟他方正形的国字脸很般配，倘若不是过于严肃死板，称其为"美髯公"（在未见苏东坡之前）也不为过。也难怪他在与刘知州说话时，赵挺之像鸟儿爱护自己的羽毛似的，不停在梳理自己垂至胸前的胡须。

说到胡须，不免要啰嗦几句。古人认为身体发肤受之父母，胡子是打死也不能刮掉剪去的。

在宋代的官场，人人都对留一口好胡子颇有讲究。在等级森严的官僚社会，也许胡子最大的好处是天生给领导预备的，当官的如果有胡子，他在摆威风的时候就可以吹胡子、瞪眼睛。如果端坐在大堂上的官员没有胡子，那高高在上的威严就不能发挥得淋漓尽致。更为关键的是，如果当官的没有了胡子，在我们这个盛产奴才的国度，叫此辈到哪里溜须拍马去呢？（溜须：宋朝宰相寇准有一门生叫丁谓。一次二人共同进餐，寇准的胡须上不小心沾上一个饭粒，丁谓瞧见忙上前当众将饭粒从寇准的胡须上小心顺下，并将老师的胡须梳理整齐，极尽奴媚之像。后来，世人称丁谓这种行为是"溜须"）当初身为副相的丁谓当众为宰相寇准理胡须，算是开了"溜须"的风气之先。

或许这种起自于官场朝堂的"溜须"现象，正好印证了胡子最古老的一项功能，即胡子好比是树木的年轮，能给人以历久、稳重、可靠的错觉，所谓"嘴上无毛，办事不牢"，就是年长者常挂在嘴上的口头禅。蓄胡子的人会显得老成持重，也许意味着滋生胡须的每个毛细血孔流淌的不是血，而是取之不尽、用之不竭的资历和学术细胞。

让我们言归正传。当大堂上严肃有余、活泼不足的赵通判在家中看过李常的亲笔书信，态度立马来了个一百八十度大转弯。他满脸堆笑地向下级黄庭坚连声道歉："哎呀！对不起啦！我说怎么有些脸熟，原来是公择兄的外甥呢！失敬，失敬呀！"

见此情景，你就会明白官场的人脉关系有多么重要。也不难想到，重要的还是李常做过赵挺之老家京东路的父母官，又是现任的朝中正四品官员,赵挺之得不看僧面看佛面。不过,赵挺之的脸色从严肃死板到和蔼可亲,说变就变,这一点让黄庭坚不服都不行。

因为有李常这层利害关系,一开始上级赵通判对下级黄知监总体上是不错的。隔三岔五,两人之间不是诗词唱和,就是喝点小酒、吃点小菜,而且多半还是人家赵挺之做东买单。为此,黄庭坚写过《寄怀赵正夫奉议》《四月丁卯对雨寄赵正夫》两首诗。前一首云:"……鸳鸯求好匹,笙磬和同音。何时闻笑语,清夜对横琴";后一首道:"……赵侯乘金玉,不与世同波。从容觉差晚,鄙心寄琢磨。外物良难必,岁寒不改柯。"从两首诗中所写的内容来看,黄庭坚一开始是将赵挺之视为知己的,对他不乏溢美之词,似乎还有点相见恨晚的意思。

结怨赵挺之

对于后来赵、黄结怨,最终成了冤家对头,史料记载有不同的说法。通常认为两人分属新党、旧党,政见不合,分道扬镳,势所必然。综合分析来看,应该说是非曲直不能全归咎姓赵的一人,也不全是赵挺之青云直上官至宰辅而翻脸不认人。从后来赵挺之揭露奸相蔡京并抵制其横行霸道的作为来看,他在北宋政坛即使算不上正直良臣,至少也算是个品行无大亏的当政官员。而且赵挺之的儿子赵明诚(字德甫)作为著名金石学家,一直十分崇尚和收藏黄庭坚的书法笔墨,赵挺之没有因为自己与黄庭坚有过节而加以制止,可见赵挺之并非妒贤忌才之徒,而且有相当的艺术鉴赏眼光,起码算是个识货的行家。实际上赵挺之也能写点诗、填点词,书法更是有一定的水准,过年回老家时给人题个词、写个春联什么的,还是能撑得住台面的,绝非所谓不学无识、志大才疏的纯官僚。

除了政见不合外,黄、赵两人均个性好强,也是导致不和的重要原因。比如他们的初次见面,一般人礼节性地作个揖、鞠个躬也就过去了,而这二位却偏偏与众不同,黄看不惯赵故作清高,赵挺之又不满黄庭坚骨子里透出的傲气。如果不是因为有李常的书信,恐怕一开始见面就会不欢而散。

在官场浸染多年的黄庭坚,仍不改恃才傲物、口无遮拦的个性。随着知名度的极大提高,有时不免小瞧别人,特别是开玩笑过头,不分对象、不分场合,也是黄、赵交恶不能不说到的重要原因。

有一次,黄庭坚到德州协助赵挺之批阅乡试中的一个举子的试卷,因为这位考生在卷中使用了"蟒蛇"两字,赵挺之认为不妥,想把该考生除名,不予录取。黄庭坚当众表示反对,认为不能因区区两个字就断了年轻人的前程。

于是,赵挺之问道:"你可知道这二字出于何处?"

哪知道黄庭坚略加思索后说:"出自《梁皇忏》,这个问题在我们江南连小孩都难不倒。"

黄知监多余的一句话,让赵挺之感到很没有面子,认为黄庭坚不尊重长官也就罢了,起码是不够朋友,从此怀恨在心,与他结下了宿怨。

后来互不待见的赵、黄先后调至朝廷任史官,一同天天在馆阁衙门办公,二位是抬头不见低头见,彼此或明或暗地较劲在所难免。

馆阁"内部食堂"开午饭,通常前一天厨子要来请示第二天的食谱。黄庭坚一般都点带南方口味的饭菜。赵挺之是齐鲁人,不大讲究吃喝,总是操着齐鲁口音大大咧咧地说:"来日吃蒸饼!"每次都令黄庭坚等人窃笑不已。因为大家都心知肚明,历来为了避宋仁宗赵祯名讳,通常都会改称"蒸"饼为"炊"饼。

一次同僚聚餐行酒令,预谋在先的黄庭坚提出做文字游戏:讲五个字一句话,前两字合为第三字,再加第四字,合成第五字。众人纷纷赞同。有人先说了个"戍丁成皿盛",又有人说"王白珀石碧",接着有人说"里予野土墅"。到了赵挺之,憋了半晌,说了个"禾女委鬼魏"。赵氏话音未落,黄庭坚脱口而出:"来(來)力敕(勑)正整!"听字音,很像是用齐鲁方言在说"来日吃蒸饼",一时满座大笑,被暗算了的赵挺之顿时满面通红,呆若木鸡似的站在原地,半天说不出一句话。

又有一日,衙门内同事聊天。兴头之上的赵挺之说,我们老家密州连乡间都重视文化,比如替人写一篇文稿,人家往往推一车的礼物相赠。黄庭坚马上接过话题说:"想来净是些萝卜、白菜、酱瓜之类吧?"此事又让赵挺之在同事面前很失面子。

这么几件事累积起来，赵挺之对黄庭坚恨在心头、怒在脸上，公然声称与姓黄的势不两立。后来黄庭坚的"倒霉"，就跟他与赵挺之共事时结下的梁子大有关联。

同僚反目

德州是座历史悠久的文化名城。公事之余，黄庭坚常常四出游历。他到过传说中的夏代东羿的出生地——十里望南村；也造访过三国时期之"击鼓骂曹"名士祢衡的故里；还鉴赏过唐代大书法家颜真卿（字清臣，唐代著名政治家、书法家，创立"颜体"楷书，与赵孟頫、柳公权、欧阳询并称为"楷书四大家"）书写的《东方朔画赞碑》。对于此等广见识、寻野趣的游历，厌烦官场的黄庭坚从来都是乐此不疲的。

时光过得飞快，转眼间黄庭坚就过了不惑之年。与上司赵挺之关系日益紧张，而且时常无故受到打压，让他对做官更加心灰意冷。

虽然他已当过了几任地方官，而且自认为政绩还不错，上无愧于朝廷的俸禄，下对得起黎民百姓，但在黄老夫人眼里，儿子还是不够成熟老练，需要自己不时提醒和好言相劝。因为她懂得官场如战场，尔虞我诈、相互倾轧在所难免，也真难为外表看似清高兀傲、实则忠厚本分的儿子。

黄庭坚个性要强，大事聪明，小事糊涂，然而构成人生的往往是许多不起眼的小事，大事则少而经久难见。他本身是一个大孝子，对以"务实际、有识见、明利害"见长的母亲大人，几乎是言听计从，但在与赵挺之结怨的问题上，他恰恰忽视了母亲的几次点到为止的提醒。

当初，他一度与赵挺之过从甚密，隔三岔五与老赵把酒言欢，有时吃人家的嘴软，不免一面挑着牙签，一面还不忘夸赞赵挺之几句。为此，母亲就曾告诫他说："此人外表看似粗犷，内心实则机巧缜密，只可礼节上应对，切不可深交。起码是害人之心不可有，防人之心不可无呀！"后来他与赵关系搞僵后，黄庭坚情绪激动下，常把赵挺之贬得一无是处。母亲又提醒他说："我看此人也算是饱学之士，且性情异常狡诈，将来可能位极人臣，况且人在江湖，多栽花、少栽刺总不会有错的。"

俗话说"不听老人言，吃亏在眼前"，有时还真的灵验。过了一段时间，那位老气横秋的刘知州，终于告老还乡，由赵通判暂摄（摄：代理）知州。新官上任三把火，赵挺之一时间行情看涨，也自认为去掉职务"摄知州"前那个碍眼的"摄"字是早晚的事情。

这样一来，德州几乎所有的文武官员都向新"老板"赵代理知州俯首致敬，欲上红包的赶紧上红包、该提礼品的立马上礼品，往赵府拜访的人士络绎不绝。只有黄庭坚一直在装聋作哑，根本不理会"在人屋檐下"的官场潜规则。

对于黄庭坚和赵挺之而言，我们不难推测，两个互不妥协、从不在人前服软的牛人碰上了，而且又是直接的上下级关系，肯定没有"和谐"可言。二人之间不碰面则已，一碰上就像好斗的公鸡，唇枪舌剑，恶语相加，争斗不休，有时情激之下，还不免"问候"到各自家中无辜的长辈。

黄庭坚虽是下级，但要他向眼中资质平平的赵挺之低头，实在是强人所难；而赵挺之也有着北方人宁折不弯的犟驴脾气，要他向下级退让，更是绝无可能。于是，官大一级压死人，工作中被找茬，文书中吹毛求疵，就成了家常便饭，弄得孤立无援的黄庭坚不胜其烦。思来想去，决定与之绝交，除公事外，私下不再往来，反正是惹你不起，我总躲得起吧！

佳节思亲

"一年中秋最明月，也照贫家门户来"。那一年，适逢中秋节。黄庭坚没忘记上街市给老母亲和儿子各买了一包德州月饼。三五月明之夜，他少见地下厨做了一桌丰盛的晚餐，与家人一起在月下开怀畅饮。近段时间心绪不佳的他，得到的不总是坏消息。昨天他收到兄长黄大临托人捎来的家书和一大包家乡特产红壳月饼。从书信中得知黄大临以累计三届举人的身份，终于候官补授吉州龙泉县令。另外，他有好几年未见的好友黄几复，也新授广南东路四会知县。

月明如镜的中秋夜，身在异乡的黄庭坚久久难以入眠。他想到了千里之外的故乡，想到了家乡的每一位亲友，想到了兄长入仕为官离家后，三

四、壮年：文坛扛鼎

弟叔献又接过挑起了主持黄家的生活重担；他也想起昨夜与小弟非熊一起把酒赏月，倏忽间，一直带在身边的小弟也已年过而立，真的期望他早获功名；他还想起此刻在南归路上的妹夫王世弼，也许此时正在"晴波上下挂明镜，棹歌放船空际浮"的月下奔波，但愿他一路顺利平安。

当然，这一天，他想得更多的是一生的挚友黄几复，两人不是兄弟胜似兄弟，是除苏轼外的又一铁杆哥们。当年自己游学淮南时，黄几复不远千里给自己带书信、送双井茶，之后专程赶来祝贺自己新婚的情景，宛如历历在目，好像就发生在不久之前。而自己上次从叶县赴汴京改官与他不期而遇，竟是近六年前的事情了。人生易老，岁月难留，月有圆缺，人有离合，他情难自制，重新拨亮快熄灭的油灯，写下了传诵千古的七律名篇《寄黄几复》：

> 我居北海君南海，寄雁传书谢不能。
> 桃李春风一杯酒，江湖夜雨十年灯。
> 持家但有四立壁，治病不蕲三折肱。
> 想得读书头已白，隔溪猿哭瘴溪藤。

这首诗叙述彼此离合和对故人的怀念。两位铁杆朋友此时一在北方，一在南方，都居住在滨海地区。前句化用《左传》中楚子对齐桓公所说的"君处北海，寡人处南海"；寄雁传书事出《汉书·苏武传》；"谢不能"语出《汉书·项籍传》。以经史中语入诗，显得韵味古朴。颔联"桃李春风一杯酒，江湖夜雨十年灯"的句法奇特，张耒称为奇语。它不用一个动词，而是用六个名词和物象构成一种诗歌的新意境，上句写朋友欢聚之乐，下句写别离漂泊之苦。黄庭坚在其他诗中也用过这种特殊句法，对后世影响甚大。如南宋陆游《书愤》有"楼船夜雪瓜州渡，铁马秋风大散关"；元人马致远《天净沙》有："枯藤老树昏鸦，小桥流水人家，古道西风瘦马"这种句法结构，不仅言语清新，而且韵味隽永，故使后人乐学之。颈联称赞好友为官清廉、治政有方。尾联赞美黄几复好学不倦，学业有成。无奈岁月匆匆而逝，诗人想象友人如今已白发苍苍，伴随着他的读书声的，是那从隔着瘴气弥漫的溪水边野藤上传来的悲苦猿啼。这里颇有为博学多才的友人偏居荒蛮之地，长期居于下僚不得重用而鸣不平的意思。

黄庭坚与黄几复从少年时相知，兴趣相投，交情一直很深。两人先后出仕之后，均或南或北颠沛流离，聚少离多。黄庭坚写过不少回忆相逢、寄托相思、怀念好友的诗文。如《留几复饮》《再留几复饮》《赠别几复》等等。

这首七律《寄黄几复》，开宗明义，情凝笔端，赞扬黄几复廉正、干练、好学，对其身未老而气先衰的沉沦处境，深表惋惜，朋友之间情深意厚，感人至深。而在好用书卷，以故为新，运古于律，拗折波峭等方面，又显现出黄诗的鲜明特色，可视为黄庭坚诗歌最杰出的代表作之一。

晋京任史官

黄庭坚在德州为官之际，北宋的政治、经济、文化中心——汴京，正在酝酿着一场足以影响历史发展走向的巨变。

宋元丰八年（1085）的一天，正值38岁盛年的神宗皇帝，在大内福宁殿强撑起奄奄一息的身体，向几位顾命大臣下达传位太子的遗诏后，就带着他无法实现的富国强兵的梦想，到地下见列祖列宗去了。接着是年仅10岁的宋哲宗（神宗第六子）继承大位，由神宗之母高太后（英宗皇后）垂帘听政。

由于太皇太后高氏向来倾向旧党，不认同王安石新法。因此，到了元祐元年（1086）年初，旧党领袖人物司马光（字君实，号迂叟）、吕公著（字晦叔）入朝拜相；新党的蔡确（字持正）、章惇（字子厚）、吕惠卿（字吉甫）则相继罢免离去。

新、旧政党轮替的常见开场戏是：昨天你在台上打过我板子，今天我上台也就还你当头"杀威棒"。果然，以司马光为代表的旧党一上台即变本加厉地打击报复，一夜间，新法被全部废除。再度罢免宰相官位，闲居在家的王安石在金陵寓所凄惨病逝。对这一年的大变局，史称"元祐更化"。

王安石的忧愤而死，标志着北宋政坛一颗曾经格外耀眼的明星就此陨落，黄庭坚为之深感惋惜和痛心。尽管政见不同，但他对王安石品格和学

四、壮年：文坛扛鼎

说一向十分推崇，始终赞赏王安石"世道之颓，吾心如砥柱"之坚定从容，认为这正是积贫积弱的本朝最缺失的精神。为此，他不顾旁人的非议，曾经在途经金陵时专门祭拜王安石的陵墓，还在其《跋王荆公禅简》（王荆公：王安石，封荆国公，故世人又称王荆公）中称赞道："余尝熟观其风度，真视富贵如浮云；不溺于财利酒色，一世之伟人也。"又称王安石"暮年小诗，雅丽清绝，脱去流俗，不可以常理待之也。"

在汹涌而来的否定王安石的舆论风潮中，被视为旧党人士的黄庭坚偏偏去祭拜王安石，对王安石的功过始终能秉持比较客观、公正的态度，竟然毫不害怕可能遭受旧党非议的风险，确实表现了黄庭坚胆识过人。

也许元祐元年，对于沉沦下僚、出仕长达近20年的黄庭坚确实是一个交好运的年头。三月，他被朝廷召为秘书省校书郎，首次升任中枢机构的京官。随即由宰相司马光推荐，与范祖禹、司马康共同校定编年体史学巨著《资治通鉴》，十月，担任从六品《神宗实录》检讨官，集贤校理。

与此同时，熙宁、元丰年间被贬谪的旧党官员，以及黄庭坚交好的文学人士，纷纷被召回朝中。时来运转的苏轼更是连升三级，当上位高权重的三品翰林学士、知制诰，孙觉担任右谏议大夫，李常担任户部尚书。总之，一朝天子一朝臣，你方唱罢我登台，正是从庆历新政到熙、丰变法所促成的北宋朝廷常见的政治生态。

高太后曾被人夸奖为"女中尧舜"。例如她有一亲弟在朝中任不起眼的小官，长时间未能升职。宋英宗爱屋及乌，想顺便提拔一下小舅子。当时的高皇后却一再谢绝道：我弟能当上"国家公务员"吃皇粮，已经是天大的恩宠了，怎么能参照前代推恩外族的惯例呢？又如宋神宗当政时，好几次要用公款给高家修建座豪华别墅，也被高太后严词拒绝了。后来她执意自己掏腰包修建了房子，没有向朝廷国库报销一分钱。

尽管高太后以廉洁奉公的面目而母仪天下，但她毕竟不是有远见的政治家。她对一意孤行推行变法的王安石上朝的邋邋相早就看不过眼（王安石向来不修边幅，穿的朝服衣领油渍斑斑也不换洗），故仅凭个人的好恶，特别是对苏轼才学的偏爱而大肆起用旧党人士，从不善于官场周旋的黄庭坚，顺带着也官升一级，堂而皇之地登堂入室，并成为北宋中后期文化活动中心一个不可或缺的扛鼎人物。

亦师亦友

　　苏、黄相知订交10多年，两人之间诗词唱酬、书信往来频繁，但一直无缘见面。入朝任馆职不久，黄庭坚盼望已久的机会终于到来了，苏轼、苏辙兄弟同时被召回京中，在朝廷担任要职。

　　苏轼刚调回京都任职不久，听到门子报新任集贤院校理的黄鲁直前来拜访，正在家中忙碌的翰林学士苏轼，不顾家中待整理的行李、书籍堆放得凌乱不堪，径直把黄庭坚迎请进了自家的书房。（不进客厅而请进书房，可见初次见面，黄庭坚即享受老朋友的待遇。）

　　宾主一见如故，格外亲热。一阵"吃了吗，没吃等下一起吃？""谢啦！来时吃过了。"之类的寒暄后，对话才转入正题。

　　"今日一见，鲁直贤弟，果然超逸绝尘，不似想象的分宁一茶客哟！"苏轼生性乐观，碰上谁都喜开玩笑。

　　"子瞻兄，见笑了，相见恨晚呀！弟子这厢有礼了！"黄庭坚执弟子礼。

　　"使不得，受当不起呀！你我兄弟相称即可。"苏轼急忙扶起行拜师大礼的黄庭坚。

　　"子瞻兄道德文章妙绝天下，海内无不仰视。理当如此，理当如此呀！"黄庭坚执意要参师入苏轼门下。

　　"既然如此，愚兄不妨多让了。鲁直呀，方今天下王氏之学仍盛行，王氏之文未必不善也，而患于好使人同己。沽名钓誉之徒籍之为利禄谋耳，其源正出于王氏欲以其学同天下。如今新朝新气象，你我均需力尽所学之长，行矫枉过之责！"苏轼掷地有声地说出一番话。

　　"对子瞻兄所言，小弟深以为然。文学之衰，未有如今日者也。不才当追随左右，以为吾朝文学中兴尽绵薄之力。"黄庭坚接过话题道。

　　元祐元年的初春，两位北宋文坛的巨头，终于在大名鼎鼎的苏学士府初次会面，并达成了欲振兴大宋文学，须先对熙、丰以来的王学流弊予以重新检讨和拨乱反正，才能开创大宋朝文学艺术的新局面的共识。

黄庭坚纪念馆内——苏东坡与黄山谷饮茶雕像（摄影 戴祥福）

  此次苏府相见，对于执弟子礼的黄庭坚来说，除了终于见到了十多年来日思夜想和令其佩服得五体投地的苏轼之外，还有个意外的发现，或者说额外的收获：

  黄庭坚以前认为所谓三国武圣人关羽为"美髯公"，不过是说书人的夸张之言。前几年在德州碰上胡须垂胸的赵挺之，他的看法即多少有所改变。这一次与苏轼零距离促膝长谈后，他才确信漂亮的胡子不只是给男人平添威仪，还对提升人的整体形象有着不错的修饰作用。他听说过有人写"留得清风明月在，网鱼谍酒付髯苏"诗句，称赞东坡的美髯甲天下。当然，以苏轼的才学与气度，加上长长的挂面胡须，确实也配得上本朝政界第一"美髯公"的称号。

  苏、黄相会之后，由于文坛盟主苏轼的极力推荐和褒扬，黄庭坚的才学受到宫内高太后的嘉奖。一时间在京城，黄庭坚的名气，直追苏轼，被时人称颂为"苏不离黄，黄不离苏，苏黄写尽天下诗"。

  总之，黄庭坚入京之初，由于有苏轼的援引、关照和相伴，修史工作得心应手，卓有成就；生活也是惬意的，老母高寿，儿女绕膝，几个弟妹陆续成家立业。可谓家和万事兴，其乐也融融。

汴京群星璀璨，名流云集，诗词书画的行家上达王公贵族，下至市井庶人。才高学广的文化精英们，往往特别受人追捧。

司马相爷的诗文一出，不仅是朝中士人争先目睹为快，而且很快能流入市井坊间，就连菜市口卖菜的大妈冷不丁也能说一两句。当德高望重的司马光一上街，据说常发生交通堵塞，瞻仰温公风采的民众争先恐后，有时竟闹出"追星"的民事纠纷。

苏轼的故事更是被优伶们编成剧目，在宫内上演给皇帝看的专场，弄得官员们"一票难求"。不拘小节的苏大学士上朝，朝服里边穿的是黑色"道衣"，宋哲宗一眼瞄到也困惑不解，只好听之任之。青年学子们崇拜苏东坡，于是大街小巷流行起高高的"子瞻帽"。

至于李公麟（字伯时，号龙眠居士，北宋画家，时推为宋画中第一人）作壁画，米芾（字元章，号襄阳居士，与苏轼、黄庭坚、蔡襄被称为"宋四家"）写壁书，黄庭坚写行草，被人称为京都书画"三绝"，成了汴京都市文化圈中的一景，引来成百上千人围观不算稀奇，一时间声名远播，常为人们所津津乐道。

俗话说"人怕出名猪怕壮"，讲的就是"一举成名天下知"的背后，会有许多闹心的事接踵而至。比如说你黄庭坚是超一流的书法名家，每天来馆阁、到家中索求墨宝的达官贵人和文士骚客络绎不绝，有时人挤人就差没挤破头。不仅弄得黄庭坚上班耽误公事，下班回家也不得安生，甚至好几次在街头被人拦下轿来，还以为发生什么了不得的大事，不料一问之下，方知是有过一面之缘的茶馆、酒楼老板索题开业新招牌。

更让他哭笑不得的是，京城一夜间冒出了大批"黄庭坚题"的书法伪劣赝品，有少数甚至可以假乱真，在市场上大批量兜售，令他防不胜防。此外，黄庭坚在京城做高官、发大财的声名不胫而走，分宁老家前后的亲戚朋友，先后数十人来京向黄庭坚求学，并在黄家食宿，弄得他家隔三岔五搭阁楼、开地铺，仅伙食开销一项就时常难以为继。偏偏母亲黄老夫人又是好客之人，凡是进门都是客，她无不热情接待，甚至对从无来往、素不相识而略沾点

四、壮年：文坛扛鼎

边的远亲也是来者不拒，逼得没有了招的一家之主黄庭坚，不得不卖些字画来补贴家用。

有好几次，黄庭坚不无调侃地对儿子黄相说道："当年的白居易长安居住不易，如今的黄庭坚汴京庭院不坚呐！"

苏轼与黄庭坚由于政治、文学主张及生活情趣均十分接近，彼此不见面则已，一见面后即难分难舍，可以说是不是亲弟兄胜似亲兄弟。黄庭坚三天两头往苏学士府邸跑，苏轼有空闲也会到黄宅回访。每次苏、黄会面攀谈，多半是一边乘兴挥毫、吟诗作对和逞才斗学，一边不停地喝酒助兴、互争意气。

黄庭坚开怀畅饮后，喜即兴作草书。不久前，苏、黄的好友钱勰（字穆父）出使高丽返京，给他们俩各带回一支十分珍贵的猩猩毛笔。黄庭坚当即赋《和答钱穆父咏猩猩毛笔》诗以纪其事，并书写了两个草书条幅请苏轼鉴赏；苏轼接着《题山谷草书尔雅后》云："鲁直以真实心出游戏法，以平等观作欹侧字，以磊落人录细碎书，亦三反也。"这段文字对黄庭坚的草书评价甚高，认为黄庭坚书法重自然、尚天真和"无意于佳乃佳"，表明黄庭坚书法渐臻炉火纯青之境，也显示了苏轼书法审美观和艺术论的辩证思维。

风流黄太史

黄庭坚每天上馆阁修史，最大的工作量就是伏案写作。可以说是手不释卷，笔不离手，而且都要求用端正的小楷书写。他认为正好借此练书法基本功，工作和爱好两不误，何乐而不为？

史馆有个收集和管理资料的张职事体形阔大，比较嗜睡，炎夏时在办公室午休，经常是赤裸着上身呼呼大睡。黄庭坚不堪他如雷般的鼾声骚

西园雅集图　中国画　李公麟　北宋

扰，就玩恶作剧，提笔在他的大肚皮上写字。张职事察觉后就改仰睡为据案伏睡，正好像翻书一样地自动翻过了一个页面，黄庭坚又在他背上接着写字。有一次，这壮汉醒后并来未察觉，穿衣出馆即回家，夫人诘其背上有字，脱衣视之，乃山谷所题诗云：

绿暗红稀出凤城，暮云楼阁古今情。
行人莫听宫前水，流尽年光是此声。

此事传扬开之后，很快成为人们茶余饭后的谈资。由于黄庭坚为名震京师的诗书大名家，一时间，市井多仿用黄庭坚"题背诗"刺字纹背，黄庭坚本为戏耍之平常事，不意促成了京师刺字纹身行业的生意跑火，这即是与后世相仿的所谓"名人效应"。

汴京城苏学士府邸骚客盈门，名流云集。黄庭坚、秦观、晁补之、张耒（字文潜，号柯山，为"苏门四学士"之一）等常客上门时，苏轼常拿出珍贵的"密云龙"团茶款待。这龙团茶可是太皇太后的赐品，另有御赐的胡饼、蛤蜊条点心、黄封酒等，弟子们从不客气，翻箱倒柜找出来就吃，比在自己家还随便。

有时名列苏门四学士（黄庭坚、秦观、晁补之、张耒的并称）之首的黄庭坚还带妻室去苏家，说是让手脚勤快利索的石氏帮着苏家料理一下家务。石氏与苏轼的侍妾王朝云均出身低微，出头露面的机会不多，两人一见如故，以姐妹相称。有一次，石氏还与王朝云谈佛论道，朝云颇惊异，感叹其夫唱妇随。两家妻妾间的来往日益密切，枕边风的轻吹慢拂，更有助于加深苏、黄之间的了解和友情。

闲暇之日，黄庭坚过苏府通常来得最早、走得最迟。有一天清晨，天空渐渐沥沥下着小雨，他因头一天晚上酒喝高了，后半夜醒了久难入眠。于是，早起冒雨散步，顺着大道不知不觉就来到了城西的苏府大门。这一天，晚睡早起，神清气爽，乘兴吟出《雨过至城西苏家》一诗：

飘然一雨洒青春，九陌净无车马尘。
渐散紫烟笼帝阙，稍回晴日丽天津。

四、壮年：文坛扛鼎

花飞衣袖红香湿，柳拂鞍鞯绿色匀。
管领风光唯痛饮，都城谁是得闲人。

刚起床的苏轼，听了黄庭坚在雨中即兴吟咏的这首诗歌，不由得连声称赞，说是似轻风扑面，清新而自然。这一天，两人兴致未减地谈了一整天，有着说不完的话题，古今中外、天南海北，无所不攀谈；经史子集，天文地理，无所不涉及。当然，主要话题还是如何尽快肃清王学专制的流毒，以重振大宋文学雄风。

卷入政争漩涡

元祐更化促成了又一轮的新党、旧党轮替。随着旧党人士的重新上台执政，比王安石所谓"拗相公"之"拗"有过之无不及的宰相司马光，不顾苏轼、范纯仁等大臣反对尽废新法的合理意见，一夜间对新党推行的"农田法""青苗法""免役法""均输法""均税法""保甲法"等所有新法，不问青红皂白，全部推翻和废除，致使危机四伏的北宋政局，陷入更加波诡云谲的政争漩涡中而不能自拔。

政治领域的大清算反映到文教领域，就是废除不合时宜的"贡举法"，清除曾风靡一时的王学的负面影响。王安石新法中有一项是改革科举取士制度。熙宁四年重定贡举法，除进士一科外，其他诸科皆罢去，而进士科亦罢诗赋，试以经义、策论。熙宁八年，王安石主持编纂的《诗》《书》《礼》?"三经新义"修成，颁于学官，令天下士子非从"三经"者不预选举之列，经义、策论均要按"三经新义"发挥，先儒之传注尽废。这种文化统治政策扼杀了宋初以来宽松的思想文化环境，废弃诗赋的做法也产生了阻碍文学人才成长的弊端，随着时间的推移，其消极影响愈加明显。

转眼间春去夏至，天气渐渐转热起来。一天早朝，先是小皇帝哲宗和高太后迟迟未上朝，后内侍太监传旨，说是皇上昨日偶感风寒，龙体欠安，今日免朝。

在领班大臣司马光、吕公著等陆续离去后，还有十几个准备好奏事的朝臣似乎意犹未尽，留在文德殿朝房中不肯离去。大家七嘴八舌热议起王安石所谓"字源学"，对王安石标榜的"自创之功"无不感到荒唐可笑。

宗正丞刘挚率先说道："王介甫自创的所谓'字源学'，只在字结构与来源上凭空想象，后来弄得破绽百出，他自己也难以自圆其说。"

"是呀，我曾当面质询过介甫：为何'鸠'字由九、鸟二字合成呢？见其语塞，我又戏弄他道：《诗经》上有'鸣鸠在桑，其子七兮。'七鸟再加上父母，不是九只鸟吗？"苏轼说出几年前的一桩趣事。

众人一阵嬉笑……苏辙（字子由，一字同叔）举手示意大家安静，然后接过苏轼的话题道："此事鄙人记得兄长亦质问过介甫，如其所谓的'波'者'水'之'皮'也，可解得通的话，那'滑'者就是'水'之'骨'了？"

众人被苏辙绘声绘色的描述逗得笑声不断，热议不止。有人提议请一直默不吱声的黄庭坚发言。黄庭坚说："正好有新鲜出炉的诗一首，容我在诸位大人面前献丑吧！"

黄庭坚朗诵在朝堂即兴创作的一首《奉和文潜赠无咎，篇末多见及，'以既见君子，云胡不喜'为韵》之五：

先皇元丰末，极厌士浅闻。
只今举秀孝，天未丧斯文。
晁张班马首，崔蔡不足云。
当令横笔阵，一战静楚氛。

大家照例称赞："好诗，好诗！"认为既指出了熙宁以来文学的渐衰之势，又肯定了当下朝廷大量启用文学人才的举措，以及对文学复兴的热切期盼和憧憬。

新任馆职的张耒站起来说道："既然黄太史在诗中夸奖我与晁兄，容在下说一个里中故事供大家一乐。话说熙宁年间，南方某河浜有一卖兑水酒的黑店。一天清晨，来一船家赶早上岸打酒，酒保不知店主是否来得及兑水，当着船家的面又不能直问，诸位猜酒保怎么说？"

张耒话说到一半便停下，众人纷纷让张耒别卖关子，催他快讲。

张耒接着说："酒保随机应变地问道：'君子之交淡如何？'店主心领

四、壮年：文坛扛鼎

神会，也打一哑谜答曰：'北方壬癸暗调和'（意为兑过水了，因按五行之说，水主北方）。不料船家也非等闲之辈，竟听出了二人对话的玄机。便说了句：'有钱不买金生物'（按五行相生相克的说法，金生水）说罢，一扭头就走了。"

众人笑得前仰后翻，好一阵才平静下来。最后，大家一致得出结论：此则民间故事，印证了王安石的所谓"字源学"实则是地道的"文字游戏"，而要振兴大宋文学艺术，势必从清除王学的谬误做起，才能收到立竿见影之效。

那次朝堂会后不久，也许是埋头多年著史学巨著《资治通鉴》耗尽了心血，入朝为相不足一年的司马光于元祐元年（1086）九月与世长辞。对于一代文史大师的离去，苏、黄等十分哀痛，均写了挽诗深切悼念。

那一天，正巧是先帝神宗灵位迎入太庙的斋戒之日。黄庭坚还奉命作了《神宗皇帝挽词》。皇帝贵为天子，地位至高无上，任你司马光生前位极人臣，官至宰相，也只能先停落一旁。因为全体官员都要遵礼去太庙斋戒三日，无暇第一时间抽身去司马府邸吊祭。

事有凑巧，孩提时就以"砸缸"闻名天下、英明一世的司马光，临死之际却犯了糊涂，偏偏托付自己生前不甚合拍的理学大师程颢（字伯淳，又称明道先生）、程颐（字正叔，又称伊川先生）办理后事并主持自己的葬礼。

"二程"中的小程（程颐）个性秉异，在文人圈中的人缘较差，又固执己见。他坚持严格按照古礼来承办司马大人的丧事。如当时有一项向逝者遗体告别的仪式，死者的亲属通常都要站在灵柩的右侧向吊祭的人还礼，这是早已约定俗成的。但是，程颐认为此举根本就不合古礼，故禁止逝者司马光的儿子站在灵柩一侧还礼并接受宾客吊唁。他的理由是，孝子如果真孝，应该是悲痛得不能见人，所谓悲恸不已则难以尽礼节。

那天朝廷百官在太庙中的大典完毕之后，苏轼、黄庭坚等一干人正要进入故相府邸祭拜，不料受到了程颐的阻拦，程颐要求大家推迟时日再来。面对众人的不满，在程颢的呼应下，程颐引《论语》言之凿凿地说："子于是日哭，则不歌。"因为诸位今早曾在太庙鼓舞而歌，至少听过奏乐，怎么能在同一天吊丧哭泣呢？

苏、黄等人多势众，对小程的引经据典根本不屑一顾。大家一拥而入，气得劝止不住的小程就差没拿头去撞墙。他们一个个到灵前行过大礼，见孝子并未出来还礼，一时间还真有点不知所措，才知道真的是程颐在从中作梗。气恼之下，平常很少动怒的苏轼，当众大声斥责说："伊川可谓糟糠鄙俚叔孙通（汉高祖时谋臣，其反复无常之行止多受后人诟病）。"说罢，率领大伙愤而离去。

苏轼恶狠狠的诅咒，在场的一干人都听得分明，并当着程氏兄弟及门下弟子的面，不约而同地把苏轼的骂语重复了一遍，令程颐既惊诧又羞愧。当众被斥，程颐自提出"格物致知"理学主张以来，与乃兄并称理学大师，从未在大庭广众之下受过如此大的屈辱。于是，他暗暗发誓要寻机报复。

闹灵堂的事件发生，标志着执政的旧党内部开始发生分化，并通过分化、组合、再分化之循环程序，逐渐形成了以蜀、洛、朔三党为号的三个壁垒森严的学派阵营。

蜀党以苏轼为首，洛党以程颐为首，朔党以刘挚、梁焘为首，三党之名，乃是以其各自领袖的籍贯而来。其中朔党的势力当时较微弱，与前两者较少交哄之事。而蜀、洛二党则寻觅瑕疵，互争意气，其门人朋友，各结党相攻，加上后来新党的重新颠覆，以及天字号的大奸臣蔡京的登台亮相，旷日持久的新、旧党派和学派之争，最终酿成无解的死结，在外敌的乘机攻伐下，遂使大宋江山终至无可救药的绝境，此为后话。

列名苏门四学士

黄庭坚自拜入苏轼门下后，便以通经达史的博学和蜚声海内外的诗文，一跃成为仅次于苏轼的苏门学府中坚台柱，名列苏门四学士之首，还被外界列为蜀党的二号人物。虽然他的官职比向来不喜动声色的苏辙（字子由）差了一大截，但文学界与官场的不同之处，在于它看实力、靠作品说话，从不以谁的官职、年齿大小和社会地位高下而论"英雄"。

说实在话，苏辙能位列"三苏"乃至"唐宋八大家"之列，或多或少是沾了点父兄的光。黄庭坚与之比硬实力，除了散文一项，苏辙稍强于黄庭坚之外，其余如诗歌、书法、诗文理论、词曲、绘画鉴赏等，黄庭坚无

四、壮年：文坛扛鼎

疑都在苏辙之上。

黄庭坚与苏轼从早年订交到京城同朝为官，经历了十多个春秋的考验，到元祐元年（1086）初二人终于在京城相逢，从此苏、黄并称于世。两人政治上同声相应，学问上相互勉励，可谓荣辱与共，同呼吸、共命运，结下了上承李、杜（李白、杜甫），下启辛、陈（辛弃疾、陈亮）之牢不可破的友谊，在中国文学史上写下了不同凡响的一段传奇篇章。

元祐元年（1086）四月，朝廷面向全国选拔政事、文学、史学、行谊方面的人才，经过层层筛选，被荐上来的13人召试学士院，由翰林院学士苏轼亲任主考。结果毕仲游、张舜民、晁补之、张耒、廖正一等以优等入选馆阁之臣。

馆阁之臣虽为中级朝官，官衔、待遇不算太高，但非学问大家不能充任，故向来被天下文人视为可光宗耀祖的一项殊荣，其名誉可类比一甲进士及第，以至"朝为田舍郎，暮登天子堂"。

京城馆阁史局人才荟萃，黄庭坚、晁补之、张耒为其中翘楚。在他们周围又聚集了一大批文人学士，大家共同尊奉苏轼为盟主。随着时间的推移，苏轼门下渐有所谓"四学士"之名，即已入馆阁的黄、晁、张，再加上擅长婉约词的秦观。

大名鼎鼎的"苏门四学士"之外，另加上陈师道（字履常，一字无己）和李廌（字方叔，号德隅斋，又号齐南先生），即所谓"苏门六君子"。此外，在苏、黄的吸引或举荐下，还有李格非（字文叔，李清照之父）、廖正一、李禧、董荣组成的所谓苏门"后四学士"，以及邢惇夫、王定国、王直方、刘景文、谢师厚等一批俊彦皆聚集于朝。难得的历史机遇使他们在元祐初年走到一起来了，在承担朝中各自的职掌以及密集的交游唱和中，开展丰富多彩的文学艺术活动：讲道论艺，酬唱赠答，切磋诗文，鉴书赏画……

当时，苏轼的私邸类似于一个文学沙龙。环境宽松，苏、黄与众文士的品评言论相当自由，沙龙往往演绎成各抒己见、各显其才和各家争鸣的良性互动。

南宋笔记体文学家吴曾（字虑臣）称苏门"四客各有所长。鲁直长于诗词，秦、晁长于议论"；还引张耒诗曰："长公（苏轼）波涛万顷海，少公（苏

· 89 ·

辙)峭拔千寻麓。黄郎(黄庭坚)萧萧日下鹤,陈子(陈师道)峭峭霜中竹,秦文(秦观)倩丽若桃李,晁论(晁补之)峥嵘走珠玉。"(《能改斋漫录》卷十三)

以苏、黄为核心的文友之间诗酒唱和活动,往往流连胜景,他们经常结伴而行,足迹遍及京城内外的名胜古迹。在以诗文为主的文学活动中,还偶有著名画家李公麟、知名书家米芾等挥毫泼墨,在史料中留下熠熠生辉的记录。

有一天,当朝驸马王诜(字晋卿,北宋画家)在家中西园举办文化名家盛会,京师16位大佬级人物应邀出席,这是中国艺术史上著名的用画作记载下来的"西园雅集"(北宋李公麟创作的名画《西园雅集图》,是中国绘画史上有着开创性和奠基性重要地位的作品。后世著名画家马远、刘松年、赵孟頫、唐寅、李士达、原济、丁观鹏等,都曾划过同一题材的画作)。

当时李公麟作画,米芾题词。画里一张石桌陈列于苍松翠竹之下,众人在花园中坐定,或驻足,或作画写字;隐隐见一只夏蝉飞向一条小河,河边花竹茂密。主人的两个美丽的侍妾,发髻高耸,首饰靓丽,侍立于桌后;东坡"乌帽黄道服,提笔而书",山谷"团巾茧衣,手秉焦扇而熟视",王诜在旁边观看。另一桌上,李公麟正书写一首陶渊明的诗,苏辙、张耒、晁补之围在桌旁观看;米芾正站着在一块岩石上题字;秦观坐在一老树根上,正在聚精会神听人弹琴;别的人分散各处,以或跪或站的姿势入画;余下的则是和尚和文人雅士,皆各具姿态,令人叹为观止。

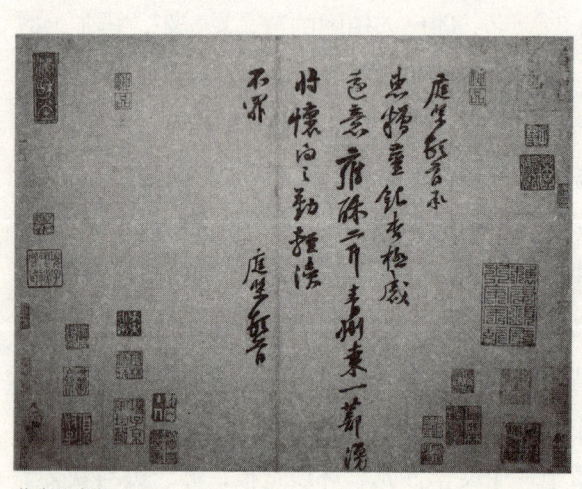

黄庭坚书札

四、壮年：文坛扛鼎

襄助礼部试

　　元祐三年（1088）正月，翰林学士苏轼奉命主持贡举考试（贡举：官吏向君主荐举人员；主试者称为"知贡举"），同为知贡举的有吏部侍郎孙觉、中书舍人孔文仲（字经父，"清江三孔"之一）。三位主考大人在太学搭台上任的头一天，就为在朝臣中推选负责评卷把关的参详官而进行了商议。

　　苏轼对孙、孔说道："蒙太皇太后的恩典，令下官主持今次恩科进士考试。由于时间仓促，对负责命题、阅卷、录用把关的参详官的才学要求很高，二位大人可有恰当人选？"

　　"苏大人才高八斗，名满天下，自然是慧眼识才。大人直接提名人选，我等会签付署奏报朝廷批办即可。"孙、孔谦逊地回答道。

　　"下官本已拟定黄庭坚、陈轩（字元舆）两位，无论是饱读诗书之才学，还是曾多次担任乡贡、礼部科考考官的资历，这二人均堪当大任。但一想起去年我因病不能到职办公，曾举荐黄庭坚代行翰林学士职事，结果遭到赵挺之等人的抨击，不仅事情没办成，还让鲁直大受委屈，现在仍是心有余悸啊！"

　　"用黄庭坚和陈轩，可谓众望所归呀！古人言：'大行不顾细谨，当断不断，反受其乱。'我看此事就这么定了，我相信孙大人也不会有意见。"孔文仲坚定地对苏轼说。

　　"用黄庭坚对我来说是内举不避亲。这两位也一直是下官看好的人才。苏大人，不必犹豫啦，有什么事我们三人共同担当吧！"孙觉说得更加爽快。

　　"好吧，既然二位大人与我意见一致，此事就这样定啦！"苏轼最后拍板定夺。

　　这次进士恩科会试，规模超过以往。黄庭坚、张耒、晁补之、李公麟、李昭玘（字成季）、廖正一、蔡肇（字天启，北宋画家）、陈轩、单锡等十五人审阅、校定、点检试卷。4732名举子，在太学应试。

　　到了正月二十一日"锁院"之日，众考官进入礼部试院即关闭院门，要直至三月初一日考试结果出来。在此期间，考官不得回家住宿，不准会见亲友,活动范围只能在试院围墙之内,门口有禁卫严加把守。

为期近一个半月的"锁院",在前面的命题和评卷阶段,由于每天忙于事务,日子倒还容易打发,难熬的是评卷完毕到礼部录名公榜这十天左右时间。大家一天到晚无所事事,最初相处的新鲜感没有了,取乐讲笑话、拆字、猜谜、对对联等,玩了多个轮次后,再也提不起兴趣。于是,倒计时最后几天的活动,在百无聊赖中,多由前面的集体活动为主变成了个人松散的自由活动。

一天晚饭后,苏、黄在试院内一边散步一边交谈。黄庭坚告诉苏轼说:"考校官李伯时这几天足不出户,笔不离手地作画自娱,据称最近自感打通了任、督二脉,创作的均是上等绝品。"

"有这等事,你我不妨径直到考校馆看看去。"苏轼拉着黄庭坚快步走。

"哦,原来大家都在这儿,看来还是伯时兄的画吸引人啦!"苏轼对众人作揖道。

"哪里呀,我们与其憋在这里难受,还不如自寻活络消遣消遣吧!"李公麟一面说,一面向大家展示他刚创作的一幅骏马图。

"好马呀,形态逼真,奋蹄绝尘,我看伯时兄画的骏马与前朝的韩干不相上下。诸位均是成名日久的大诗人,我提议每人作诗一首,公议最佳者入选题画诗,好马配上好诗,才能算是珠联璧合呀!"苏轼说出了大家的心愿。随即,黄庭坚作了《观伯时画马礼部试院作》:

仪鸾供帐饕虱行,翰林湿薪爆竹声,风帘官烛泪纵横。
木穿石盘未渠透,坐窗不遽令人瘦,贫马百(bì)逢一豆。
眼明见此五花骢,径思著鞭随诗翁,城西野桃寻小红。

一个时辰之后,在场10多名考官共作诗15首,经过公议推选和无记名投票,确定《观伯时画马礼部试院作》为第一,苏轼作的《次韵黄鲁直画马试院中作》,虽格调高雅,由于是依黄诗原韵而作,只能列在第二。

从这一天开始,配诗作画,就成了大家乐此不疲的固定消遣节目。众人为大画家李公麟作了多首题画诗,大多公议苏、黄交次夺魁,可谓诗画交相辉映。有时苏轼技痒难耐,也会乘兴与李伯时在同一幅画上挥毫泼墨。

四、壮年：文坛扛鼎

如黄庭坚著名的《竹石牧牛图》一诗，吟咏的就是苏、李联袂作画的产物之一。该诗序云："子瞻画丛竹怪石，伯时增前坡牧儿骑牛，甚有意态，戏咏。"诗曰：

> 野次小峥嵘，幽篁相依绿。
> 阿童三尺箠，御此老觳觫。
> 石吾甚爱之，勿遣牛砺角。
> 牛砺角尚可，牛斗残我竹。

众人在反复品味这首诗后，一致称好。认为从画中的竹石牧牛，联想到生活里的牛砺角和牛斗，再以之寄寓自己对现实政治的观感，而一切托之于"戏咏"，在构思上很有曲致，也很有深度。宁静的田园风光与烦嚣的官场角逐，构成鲜明的对比。通篇不用典故，不加藻饰，以及散文化拗体（拗体律诗、绝句每句平仄都有规定，误用者谓之"失粘"，不依常规而加以变换者为"拗体"）句式，给全诗增添了古朴的风味。后四句的格调，吸取了李白《独漉篇》的"独漉水中泥，水浊不见月；不见月尚可，水深行人没"句式的形式，词意翻新了，可看出诗人在推陈出新上所下的功夫。

大约在"锁院"倒计时的最后三天，因憋屈得实在太久，作画写诗再也提不起大家的兴趣。百无聊赖之下，众人又回到最初的说笑的话题。因为黄庭坚屡夺题画诗的魁首，众人一致推举他率先起一个好头。

黄庭坚推脱不开，就说起自己以往经历的一则故事："一船人过渡，内中有一妇人和一和尚。那妇人不留神放了一个臭屁，众人骂道：'是哪个没廉耻的，放这样的臭屁？'妇人暗自羞得脸红。旁边一和尚忙替她解围道：'列位休怪，是小僧一时失措。'众人见他承认，便道：'你这和尚好不晓事，臭得熏人。'和尚不停地念阿弥陀佛，算是向大家赔礼道歉。那妇人躲过一劫，感激得想落发为尼，因为众目睽睽之下，唯有出家戒色的和尚敢于挺身而出，勇于担当，足见佛法普度众生。"

大家被逗得吟笑不止，众口一词地说是黄庭坚编造的"屁事"。

张耒自告奋勇地接过"屁"话说："话说湖州有一知州肠胃不好，一次在衙门大堂上放了一串响屁。为了掩饰，就用脚在地板上使劲摩擦，想用摩擦出来的类似屁声混淆视听，以蒙混过关。哪曾想身边一位老衙役竟将他的心思一语道破：'长官，声音可以掩盖，气味怎么办？'周围的人都捂着鼻子一齐看着知州，他恨不能打个地洞钻进去。后来这位老衙役久久得不到提拔，忍不住责问缘由，知州斥曰：'此前屁大的事都关不住嘴，何堪担当大任！'"

众人笑得前仰后翻，好一阵才平静下来，随后又七嘴八舌议论开了。有的说通判在衙门大堂公然打臭屁似有不妥，但老衙役的直言快语却未免给人不良善、不宽容和为人刻薄恶毒的感觉。有的说同样都是人和屁事，和尚、老衙役，一个是善者一个却是恶人，看来人与人相比，做人的差距还是蛮大的。

黄、张二人见众人兴致不减，自有一种受到热捧的成就感，本想着再续一个精彩的话题，不料院吏来报开膳时间到了，众人只好依次往试院特设的饭堂就餐。

礼部进士榜公布了，终于可以回家与亲人团聚，入围锁院的主考官们如释重负。但是，苏、黄均感到遗憾的是：他们一致看好的李廌不幸落榜，两人均对其意外落第感到惋惜。由此可见，北宋的会试制度的严密和公正，就算李廌与领头的主考官苏轼、评卷的参详官黄庭坚关系好得能称兄道弟，而二人对其落榜之事也是无任何转圜余地。

苏黄唱和

所谓唱和最初起于诗歌压同声韵，咏同一题材的你唱我和，后来延伸到词曲歌赋，文友之间凡韵文体互动皆可称唱和。由于苏、黄均为文坛巨擘，苏黄唱和已誉为京城一绝、驰名天下，以致他们之间的逗才斗学、笔墨凑趣，乃至交往娱乐，均被时人视作是苏黄唱和，因为世人无不知晓：山谷、东坡互动，无处不诗歌，无处不才学。

苏、黄及其各自文友及门下弟子，除了工诗善文之外，还大都是棋、琴、书、画样样皆能。论诗文、词曲、书法之功力，当时有诗歌苏、黄齐名；词曲苏轼为一代豪放词宗，婉约词则秦七（秦观）黄九（黄庭坚）并称；书法有"苏、黄、米、蔡（苏轼、黄庭坚、米芾、蔡襄）"为四大家的说法。

四、壮年：文坛扛鼎

论才品学，作为弟子的黄庭坚大多是被老师苏轼压过一头，这一点黄庭坚本人也是心悦诚服的。但是，每逢休闲游戏的场合，师徒斗起嘴来也是暗含讥讽、互不相让的。

苏、黄在京师供职和相聚约三年半时间。据不完全统计，其间两人唱和诗歌有近百篇之多。大都是情调高雅，主题较为集中，涉及的几乎都是畅谈朋友之谊及林泉志趣。比如山谷曾作《有惠江南帐中香者戏答六言二首》，东坡依韵和作《和黄鲁直烧香二首》之后，两人似乎意犹未尽，各自乘兴又作《再和二首》《有闻帐中香以为熬蝎者戏用前韵二首》。通常来看，赠香、烧香本兼参释道的二人平常琐事，为何一唱三叹而不已？细品赏析诸篇，则多以佛典经律和道家警言珠发妙语，传达出世之思，既含机锋，又富谐趣，恰如山谷诗所云："九衢尘里偷闲""深禅相对同参"，表达出心神两契的不凡情义。

有一天，两人应邀参加康王府的一个宴会，听说苏、黄两大词曲高手光临，王府召来的歌妓们随即弹唱起苏、黄的词曲作品。由于苏轼那首著名的豪放词代表作《念奴娇·赤壁怀古》不甚合乐，一名非头牌歌妓草草演唱了一遍后，就没再有人接唱苏曲，反而是黄庭坚在太和任上一组雨中吟咏的《减字木兰花》，以及《清平落·春归何处》和新作《归田乐引·暮雨蒙阶砌》被接连演唱。头牌歌妓还频频上前给黄庭坚劝酒。得意之下，黄庭坚故意大声道："苏大学士在此，黄某怎敢夺头牌？"苏轼佯装看不惯，拂袖而起身走开了。黄庭坚却若无其事，依旧大快朵颐。

第二天，苏轼似乎余怒未息，跑到黄庭坚住处醋池寺的退听堂责备他说："你还在得意那件事情吗？昨天酒宴上有歌妓，我心中却没有歌妓；今天这书房里没有歌妓，可你的心里还满是歌妓，劝你好自为之吧！"说罢，扬长而去。

康王府宴会过了一段时间后，黄庭坚才从秦观处得知，前些时间，苏轼曾向太皇太后担保推荐自己升任位高权重的起居舍人，因监察御史赵挺之联合洛党人士的极力阻止而未能如愿。原因正是赵挺之等人搜集了黄庭坚早年所作的一些艳词为借口，攻击他一向作淫词好色、品行不端而不能充大任。至此，黄庭坚才明白苏轼所谓"心无歌妓"的良苦用心，对苏轼

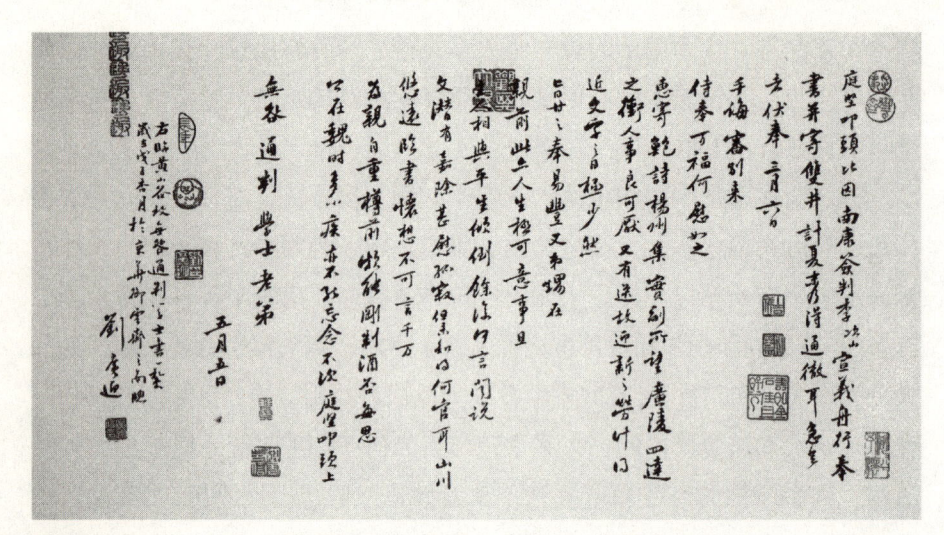

黄庭坚书法

更加敬服。此后双方唱和多采用诗歌的方式，极少再到京师风花雪月的场合填词作曲，也算是一种有意识的自我保护吧！

苏、黄均是闻名天下的书法大家。一般认为苏轼的书法"尚意"，主张率性而为，直抒胸臆；黄庭坚的书法"重韵"，主张典雅厚重，不落俗套。正因为两人书法风格的差异，导致彼此在互相欣赏的前提下，常常相互调侃戏弄。

苏、黄有一好友韩宗儒爱吃羊肉，每次得到苏轼的书法，便去殿帅姚麟家换几斤羊肉来吃。黄庭坚调侃苏轼道："以前王羲之的书法被称作'换鹅书'，如今你的书法可称作'换羊书'了。"有一次，苏轼正在翰林院上班，韩宗儒派人捎来信，索要苏轼的书法，而且很是着急。苏轼这次不慌不忙，笑着对来人说："回去告诉你家主人，今日断屠。"此事在京城传扬开之后，苏轼是书法多了一个"换羊书"的"雅"号。

有一次，苏轼和黄庭坚结伴到大相国寺"淘宝"，两人在古碑书帖上各有斩获，高兴之余，一路上谈论起书法。

苏轼开玩笑对黄庭坚说道："黄九，你的字虽然清劲爽逸，但是有时笔势太过于清瘦，好像树梢上挂蛇一样。"

黄庭坚一听，也半开玩笑地对苏轼说："大苏的字，天下人都称换羊书，

四、壮年：文坛扛鼎

我不敢妄加议论，但是我有时感觉到您的字有点墨痕褊重，就像石头压蛤蟆一般。"

两人言毕，都禁不住哈哈大笑。因为苏轼的书法字体"丰腴"，"石头压蛤蟆"的比喻非常形象生动；黄庭坚的书法字体"瘦长"，"树梢挂蛇"更是一针见血。

苏、黄均对品茶、烹茶、茶史等都有较深的研究，在他们的诗文中，有许多脍炙人口的咏茶佳作，广为流传。黄庭坚生于分宁茶乡，特别精于茶道。一生以茶为载体的诗词多达 64 首，其中诗 53 首，词 11 首，在北宋文学家中不多见。他认为家乡的双井茶甲天下，自谓"分宁一茶客"。连欧阳修也曾推崇双井草茶为全国第一。

每逢苏轼过府造访，黄庭坚都会拿出珍藏的双井茶招待好友。苏轼有时酒后品茶，半醉半醒状态下性子偏急，往往三两下饮完了事；黄庭坚则习惯在细饮慢嚼之间品尝茶趣。黄有《双井茶送子瞻》，苏作《次韵为谢》以答。黄庭坚曾取笑苏轼为"牛饮"，苏轼则说黄庭坚是"老牛拉破车"。

双方互不服输，有时又拿出围棋来再较高下。黄庭坚棋艺在苏轼之上，赢多输少，常笑称苏为"臭棋篓子"；苏轼则狡辩说"棋为小道，胜固欣然，败亦可喜"，并坦承黄庭坚的早年在叶县作的《弈棋二首呈任公渐》是写围棋的绝妙好诗，但又说诗好未必棋高，况且你黄九连当年的县令任公都下不过。故论棋艺彼此均是平庸之辈，正是半斤对上八两，即便黄鲁直眼下侥幸多赢了几盘棋，也是自己向来在棋上不甚用心所至，等老哥有空打打棋谱，下次再来一定给你黄鲁直一点颜色看看。

如果双方都觉得饮茶、弈棋尚不过瘾，不论是在苏府还是黄宅，都会命人上酒上菜，并取来大酒杯来比试酒量高低。二人一杯接一杯地开怀对饮，往往都是一饮而尽。苏轼酒性豪爽，但酒量不算高，饮少辄醉，一醉则席地而卧，不一会便鼾声如雷。过一会儿醒过来又能接着喝，更令人叫绝的是照样能谈笑风生，照样能咏诗作对，照样能挥毫作画，特别是其自称"醉书"的酒后书与画，往往能创作出惊世绝品。

黄庭坚曾经发愿戒过酒，一般情况下都会谢绝喝酒，后来因治疗风湿病需要而复饮。他酒量比苏轼大一些，两人放量对饮，他常放倒苏轼。但见到东坡醉后的书画作品，山谷曾不止一次感叹其"非凡人，乃神仙中人也！"

有一次在苏府，苏轼又喝高了在书房睡下了。黄庭坚注视着苏轼作于黄州、闻名天下的《寒食诗帖》，猛然意识到此幅最令自己心服口服的行书绝品，也许就是苏轼酒后之作。后来他在戎州张浩处再次见到《寒食诗帖》真迹，并在上作的题跋中认为："试使东坡复为之，未必及此。"意思是说人醉后的创作状态可遇不可求，即便才高八斗的苏东坡，也不可能复制自己的神来之笔。

苏、黄不仅同是文学大家，在烹调美食上也很有一手。黄庭坚曾写过一篇《食时五观》的文章，提出"正事良药、为疗形苦"五方面的健康饮食观点，苏轼撰文予以称赞。苏东坡擅长小炒蜀地出产的春菜，曾作《春菜》七言诗一首，列出十种可口的特色菜类植物。黄山谷读后深有同感，联想到分宁家乡也有类似的蔬菜，并作《次韵子瞻春菜》一首。两位烹调高手谈起炒蔬菜，并不形而下，列数各自家乡的美味，隐约衬托的是官场的苦和闷，"明日青衫诚可脱"是两人共同的心声。

黄庭坚在北地为官多年，为让母亲适应北方口味，学会了做面食，特别擅长做蒸笼包子。苏轼厨艺则更胜一筹，除了广为人知的东坡肉、东坡饼外，苏学士还擅长烧鱼，其烹制的鱼亦堪称一绝。

一次公假在家休息，苏轼雅兴大发，亲自下厨做鱼，刚刚烧好。隔着窗户看见黄庭坚进来了，知道又是来蹭饭揩油的，于是慌忙把刚做好的鱼藏到了碗橱顶部。

已偷看到的黄庭坚一进门，故意大声问道："今天特来向子瞻兄请教，敢问苏轼的苏（繁体写作"蘇"）怎么写？"

苏轼拉长着脸回应："蘇者，上草下左鱼右禾。"

黄庭坚又问道："这个鱼放到右边行吗？"

苏轼回答说："从书法的角度看，似乎也可以吧！"

黄庭坚接着又问："那么，这个鱼放上边行吗？"

苏轼十分肯定地回答道："哪有鱼放上面的道理！"

黄庭坚指着碗橱顶，笑道："既然子瞻兄也知晓这个道理，那为何还把

四、壮年：文坛扛鼎

鱼放在上面呢？"

一向才思敏捷的苏轼，这次吃了个哑巴亏，只好拿出鱼让黄庭坚大饱口福。

苏轼是不世出的天纵之才，行文"如行云流水，初无定质"，而"文理自然，姿态横生"（《答谢民师书》），走的是一条常人难以企及的先赋型创作道路，其诗文纵横捭阖，汪洋恣肆，任性而为，锋芒毕露，嬉笑怒骂皆成文章；黄庭坚主要靠勤学苦练成才，行文讲究法度，规摹古人，锻造句律，强调夯实基本功，诗词学问要从书本中来，走的是一条依靠后天努力的后致型创作道路，其诗文以俗为雅，以故为新，主要在用字造句及体裁、格律上下功夫。

苏、黄二人均博学多识，于诗文辞赋、书画哲思都堪称名家巨匠。他们本身就具备着很强的影响力，二人的深厚的友谊又使这种影响力大为扩张发散，从而产生强大的磁场效应，形成了以苏、黄为中心的大批量的作家群体，共同推动着宋代中后期文化走向复兴。

对此，明代大儒宋濂曾评价道："元祐之间，苏黄挺出，虽曰共师李、杜，而竟以己意相高，而诸作又废矣。自此以后，诗人迭后，或波澜富而句律疏，或锻炼精而性情远，大抵不出于二家，观于苏门四学士及江西宗派诸诗，盖可见矣！"（《宋学士文集》卷二十八《答张秀才论诗书》）

宦海起波澜

人生苦乐相随，快乐时光总是相对短暂一些。到元祐四年（1089）夏，由于党争不息，苏轼被排挤离京再赴杭州任知州。在大宋政治经济文化中心的汴京，黄庭坚度过了三年多与苏轼过从甚密的岁月。这段难忘的岁月，无论是仕宦生涯，还是文学创作，都可称之为黄庭坚人生的巅峰时期。

苏轼以绝世才学傲视天下，由于位高权重又太过锋芒毕露，眼里掺不得沙子，难免在朝中树敌过多，正所谓"石立于岸，水必击之；木秀于林，风必摧之"。因台谏（台谏：主要职务为纠弹官邪，是监督官吏的官员）攻击不已，苏轼接连上札，主动要求外放地方官，否则，他担心会淹没在言官们唾沫汇成的汪洋大海之中。

苏轼的黯然离去，黄庭坚内心极为失落，但表面上他还得强打起精神，更加勤勉地投入到所担负的史局馆职工作中去。随后，苏门中人士陆续遭贬谪，以苏、黄为盟主的蜀党文学集团受到重创，再难复往日的无限风光。

苏轼出任杭州知州，黄庭坚失去了最好的朋友和诗伴，经常因头晕目眩而感到痛苦，故此几年之间作诗甚少。极少写诗，显然是非不能，是不为也。因为黄庭坚清楚地记得：苏轼离京之前，黄庭坚陪同他前往拜别老相爷文彦博（字宽夫）的情景。文彦博由于年高耳聋，交流不便，却一再叮嘱苏轼："至杭少作诗，恐为不相喜者诬谤。"

黄庭坚与文彦博老丞相早年在北京相处多年，深知文老略带忧郁的眼神，等同于朝中政治气候的晴雨表。文老对苏轼的嘱咐，实则也是在间接提醒自己。其实不用已退休的文老提醒，他也已感觉到：随着旧党的分化，新党人士改头换面的再抬头，朝中的政治气候已极不正常，大有山雨欲来风满楼之势。

从元祐四年（1089）算起，对于有不祥之感的黄庭坚来说，厄运是从亲人接二连三去世开始的。这一年的秋天，他突然接到兄长大临发来的噩耗，年纪最小的弟弟非熊因病不幸去世。白发人送黑发人，老母亲黄夫人及黄庭坚悲痛不已，遥望南天，母子俩除默默垂泪外，一句话也说不出来。

接下来的元祐五年（1090），黄庭坚尚未从小弟的过早辞世的悲伤中解脱出来，他的舅父李常、岳父孙觉又相继去世。

修水山谷公园黄庭坚石雕像（戴祥福 摄）

四、壮年：文坛扛鼎

这两位曾是朝廷的三品大员，而且都对黄庭坚的一生有着重大的影响，可以说是恩重如山。如今两位至亲恩人的差不多同时离去，他无法接受、无法相信的一切已成为了现实。

在先后参与操办舅父、岳父丧事的过程中，每每想起年少时游学淮南那一段岁月，他常常悲痛难忍，几乎天天以泪洗面。他含泪分别写下了数篇悼念二老的诗篇和祭文。

他在《祭舅氏李公择文》中深情地回忆道："我少不天，大欲埋替；长我教我，实惟舅氏。四海之内，朋友比肩；甥舅相知，卒无间然。"

在京郊安葬舅父李常之后，黄庭坚即向朝廷请求延假，他先是北上汝州取回发妻孙兰溪的遗骨，又同孙家后人一道千里跋涉，扶送岳父孙觉的灵柩及妻子的遗骨回高邮故里下葬。在悼念孙觉逝世的葬礼上，他满怀敬意道："我初知书，许以远器，馆我甥室，饮食教诲。道德文章，亲承讲画，有防有范，至今为则。"（《祭外舅孙莘老文》）

眼看着亲人和友人的去世，两鬓染霜的黄庭坚，身体也大不如前。对世人追逐不已的升官发财，他早已心灰意冷，对先辈陶渊明不为五斗米折腰，毅然辞官归田的壮举，他是身不能至，心久向往之。为此，他在《与邢和叔书》中写道：

"至亲中失公择、莘老二德人，哀念不可忘。顷来意绪常愦愦，饥饱或不省识也。方今人物眇然，而朝廷屡失长者，可胜叹耶！今年来百事慵懒，惟思江湖深渺，可以藏拙养愚。"

年近半百的黄庭坚在与友人的通信中多次感慨说道：自己的人生至此已过了大半，用家乡分宁的土话说就是：被黄土掩埋了到了脖子根。在有生之年的后半程预先参观一下终点站，倒是可以大彻大悟人生，驱逐对死亡的恐惧和过一天算一天的麻木不仁。既然岁月不可逆转，就应格外珍惜时光，人生如梦，所谓名呀利呀，到头来都不过是虚空幻境。

党同伐异

时光如流水,转眼就到了元祐六年(1091)的岁尾年末。除旧布新之际,正是京城阿猫阿狗见面都会冒出一句"恭喜升官发财"的问候语的时节。

话说回来,本来黄庭坚确实是有机会官升一级的,当真能兑现人们这句犹如市场上的白菜论堆贱卖、听得耳朵起茧的问候语的。因为他参与撰写的《神宗实录》终于大功告成,为嘉奖没日没夜爬格子人员的辛劳,朝廷依例下诏给有资格在跋记中列名的编写者每人官升一级。

那一天也许太阳是从西边出来的,从不屑官场潜规则的黄庭坚,竟被拟定由从六品著作佐郎擢升正六品起居舍人。好在遇事稳重、宠辱不惊的黄庭坚,没有听从朋友在当天请客要求,否则,就出大洋相了。因为有关他升迁的呈批公文,第二天即被中书舍人韩川驳回,理由也是赵挺之所谓"行为不端、素无士行"的陈词滥调。

不过,时任宰执的吕大防(字微仲)处事还算公道,坚持再报请一次。迫于反对派的压力,最后太皇太后下懿旨定夺:"恐再缴,不如只依例改官。"乃诏黄庭坚著作佐郎。

眼见同僚纷纷升迁新职,没有功劳也有苦劳的黄庭坚,仍是原地不动,一时间是有些郁闷。他心情不爽的原因不在于升官与否,在意的是政敌抓住无伤大雅的小辫子而纠缠不休,实则是公报私仇,欲加之罪,何患无辞?对于冤家对头赵挺之的从中作梗,他早有心理准备。令他百思不得其解的是:自己最好的朋友的弟弟——时任尚书右丞的苏辙,竟然也是阻其升迁的重要人物之一。

饱经官场险恶政治环境历练的黄庭坚,早已把升官之事看得比私家偷酿的劣酒还要淡。政敌的无事生非,加上老朋友的背后一刀,他已承受不住,真的心生去意。为此,他先是给朝廷上了一道《辞免转官状》。可是人未老身先衰这种人云亦云的理由并不充分,他的辞呈未获准许。于是,他又上了一道《乞回授恩命状》,请求将升职的恩宠转授给自己72岁的老母,结果太皇太后也乐得做个顺手人情。黄老夫人李氏由寿康县太君敕封为安

四、壮年：文坛扛鼎

康郡太君（太君：封建时代官员母亲的封号，宋代群臣之母封号有国太夫人、郡太夫人、郡太君、县太君等称），算是了却以孝行著称的黄庭坚一桩小小的心愿。

以官职的大小而论，在汴京的七个年头是黄庭坚官宦生涯的顶峰，他差一点就当上了正六品的起居舍人。这是一个无论是生前发名片、下投名状、写回忆录，还是死后发讣告、办追思会、撰墓志铭，都不能等闲视之，而且是应大书特书一笔的重要官职。

起居舍人官衔虽不算太高，但工作性质几乎与至高无上的皇帝寸步不离，比受恩宠的皇后、嫔妃还要亲近皇帝。其职责是将皇帝一言一行、起床睡觉和吃喝拉撒全部记录在案，甚至皇上在后宫的风流账也得一笔一笔记清楚。这项工作的重要性和格外受人尊重是不言而喻的。

即便没有升成官，黄庭坚任著作佐郎的官职也差不多达到了入仕以来的顶点。诸如公款吃喝签个单、携带个把家属乘马车，或坐轿子的便利还是应有尽有的。按理来说，黄庭坚即便不算是春风得意，也应是知足常乐的。但这些年来，无休止的党派、学派之争在他心中投下了巨大的阴影。他希望朝臣以国事为重而消停党争，但现实中的党同伐异不仅没有消停，反而呈愈来愈激烈且不断扩张之势。为此，在汴京的最后一段时日，他就像变了一个人似的，性格由之前的外向张扬，变成现在的沉稳内敛，遇事谨小慎微。

如此一来，了却公事之余，他宁愿蜗在家中陪老母亲拉家常，逗儿子小德玩，也不愿意再到敏感场所、呼朋唤友、抛头露面，以免被罗列罪名，遭人陷害。

面对京城滚滚红尘中人们熙来攘往，追逐名利，奔走于权贵之门，他能做到冷眼相看，无动于衷，或者以诗言志："性不耐衣冠，入门疏造请。煮饼卧北窗，保此已侥幸。"（《次韵答晁无咎见赠》）；"郁郁冠盖宅，追奔易凋年。能从物外赏，真是区中贤。"（《次韵曾子开舍人游籍田载荷花归》）。由此段时间他为数不多的诗作中，可见他心如止水、淡然处世的态度。

黄庭坚故事

政局变幻

元祐八年（1093）九月，年老的太后高氏因病去世，年轻的宋哲宗开始亲政。

在高太后垂帘听政时期，军国大事都由她与几位亲信大臣处置，宋哲宗基本上没有太多的发言权，内心自然累积了太多的不满情绪。如今，年轻的皇帝亲主国政，在逆反心理的作用下，他急切要对高太后制定的国政方略进行重新梳理，甚至反其道而行之，以显示朕才是国家的主宰。

此一时，人称"杨三变"的杨畏（字子安）费尽心机揣度哲宗的意向，上疏称颂神宗变法的功德，要求哲宗接过富国强兵的大旗，成"绍述"之道，争当所谓一代圣主明君。

在杨畏的建议下，哲宗利用考试进士策论的时机，将赞成"元祐变更"者列为下等，而将主张熙、丰之政者列为上等，实际上是借此向外界发出新一轮政党轮替的强烈信号！

上有所好，下必甚焉。嗅觉灵敏的中书侍郎李清臣、尚书左丞邓伯温，赶忙联名上疏首倡"绍述"（绍述：指宋哲宗时对宋神宗所实行的新法的继承）之说。三月，吕大防、苏辙相继罢相。四月，哲宗改年号为"绍圣"，意即绍述先圣（宋神宗）之政。

随着新党干将章惇重新被起用为执政，新一轮的政治清算接踵而至。曾经被高太后和元祐党人（元祐党人：反对变法的一派；元丰党人：支持变法的一派）排挤出朝廷的元丰党人又先后被召回来了。章惇拜相时就声称："司马光奸邪，所当急办。"他的做法也简单：把高太后等人废除的新法逐一恢复，把高太后提拔的元祐党人尽数驱逐，把高太后赶走的新党人士全部请回来——假如他们还幸存于世的话。

一天早朝，穿戴着整齐朝服的百官依次进了文德殿。众臣对着端坐在金銮龙椅上的年轻皇帝，整齐划一地顶礼膜拜和山呼万岁。百官有次序地分列两侧朝班，显然，以新党人士为主的左边人员略多一些，右边则是精、气、神均有所欠缺旧党官员。

四、壮年：文坛扛鼎

"启禀陛下，前朝圣皇的变法施行以来，有效地化解了国家财费危机，提高了大宋的综合国力和民生水平，这是人所共见的。然而，元祐党人当政时，颠倒黑白，尽废新法。臣之前有疏上奏，务必请皇上下旨正本清源。"新任礼部侍郎杨畏第一个出班上奏。

见端坐在上的年轻皇帝似在微微点头，有那么一点嘉许的意思。于是，左列的众大臣仿佛猎犬领悟到了主人暗示的指令似的，争先恐后地出班上奏，七嘴八舌地谴责声讨万恶的旧党。有的用尽夸张的词语赞扬新法，有的声泪俱下地缅怀王荆公，还有的咬牙切齿地怒批死去有年的司马光；甚至还有的借机公报私仇，信口雌黄地诬陷政敌。

一见如此阵势，右列的大臣均缄口不言，所谓识时务者为俊杰，免得惹火烧身。只有既非旧党、也非新党的监察御史常安民（字希古），忍不住出班奏曰："吾皇圣明，微臣以为，今大臣为绍述之说者，其实皆假借此名以报复私怨，一时朋附之流从而和之，遂至已甚。"

常御史的话一针见血，显然点到了多数心怀鬼胎的新党人士的痛处。好比是野营中饥饿难忍的众人刚点燃起篝火，还未来得及烧烤眼馋已久的食物，即被天空突然飘过的一阵大雨给浇灭了。

常安民的话音一落，立刻招来一阵暴风骤雨般的反击。金碧辉煌的朝堂人声鼎沸，众人手舞足蹈，口水仗打得乱哄哄的，跟菜市场没什么两样。直到龙座上已极不耐烦的哲宗一摆手，吵得不可开交的大臣们才心有不甘地渐次退归原位。

"诸位肃静，肃静！皇上有旨。奉天承运，皇帝诏曰：监察御史常安民，混淆视听，图谋乱政，剥夺官身，永不叙用。钦此！"司礼太监刺耳的噪音再次响起。

血气方刚的哲宗皇上被激怒了，以耿直正派、处事公道成名的常御史自然没有什么好果子吃。据说坏了皇上好局而只受到免官处分的常御史，返乡前还特意到太庙给宋太祖的神像上了高香。他真得感谢赵匡胤在太庙"誓碑"中留下了一条"不得杀士大夫及上书言事人"的遗训，否则，常御史即便能躲得过被杀头，吃牢饭是肯定免不了的。

"朝堂会"上演成"批斗会"，继驱逐"替罪羊"常安民之后的节目是：

新党的吕惠卿、蔡卞（字元度，蔡京之弟，王安石之女婿）、黄履（字安中）、林希（字子中）等一一光荣返朝，据说接风洗尘的酒宴连续摆了一个多月。与此同时，旧党的范纯仁、刘安世（字器之，号元城）、范祖禹（字淳甫，一字梦得）、刘挚（字莘老），以及刚召回任兵部尚书、礼部尚书不久的苏轼又被贬谪放逐。

新党重新主政的朝廷，乌烟瘴气，人人自危。正直的朝官不断被贬，自然是小人得志。连蔡襄（字君谟）生前打死都不认的"山寨版"族弟蔡京（字元长），竟以翰林学士衔召回，从而为北宋朝的最终覆灭埋下了祸根或者说准备了掘墓人，此为后话。

最搞笑的是原为旧党的张商英（字天觉，号无尽居士）、周秩之流，当初逢迎起执政的司马光、吕公著，亲热得就差没叫"亲爹"，现在反戈一击的狠劲，比新党的蔡京也是有过之而无不及。他们不断上奏疏，不仅要求剥夺司马光、吕公著的所有赠谥，还要求对死者"掘棺鞭尸"。只是良心发现的章惇和另一位新党执政人士，嫌这二人闹得太过，太缺乏涵养和水平，张、周两位无耻之徒的"阳谋"才未能得逞。

难脱文字狱

在政局即将要发生剧变的前夜，黄庭坚预感到长期史局馆阁修史，将有可能深陷"文字狱"而不能自拔，觉得升不升官倒是无所谓，但"高风险"的史官决不能再做。

因此之故，年过半百的黄庭坚又上了《第二辞免状》。他带上太医开的疾病状条，去了一趟宰相府，恳求当朝宰执吕大防看在老部下的份上，批准自己的提前致仕的请求。

当诚惶诚恐的黄庭坚，被没好气的门子引到宰相府客堂等候接见时，自称为私事从不求人的他，因为两手空空而来，紧张得连大气都不敢喘一声。好不容易等到吕相爷在客堂主座上坐定，他赶忙近前施礼请安：

"老相爷在上，请受下官一拜。"

"这个谁呀，你看我这个记性。哦，对了，是黄鲁直，黄太史，免礼啦！"

四、壮年：文坛扛鼎

大腹便便的吕相爷装腔作势起来，比在朝堂上还摆谱。

"下官上呈的辞免报告，不知老相爷是否签批？今儿个冒昧来讨个口信，谢老相爷开恩哩！"黄庭坚干脆有话直说。

"对啦，黄太史，说起这个事，本官得说你几句。我老头子尚未言退，你正值盛年就称有病言退，亏你说得出口。此事没门，你亦不用再多说啦！"吕相爷说起正事倒是口若悬河，随即将黄庭坚请太医开的疾病证明，一把扯得粉碎。

接着，打开了话匣的老相爷，语重心长地训诫部下一番后，又婆婆妈妈地抖起了陈年往事，只差没把他年轻时的风流韵事全给抖了出来，反正是啰啰嗦嗦一个多时辰，就没让黄庭坚插进一句话。

从宰相府"逃"回家，黄庭坚肠子都悔青了。千不该、万不该低三下四去求吕大防这个老官僚，不仅黄鼠狼没逮着，还惹了一身的骚。从此，他放弃了称病辞免以全身避祸的念头，反正是福不是祸，是祸躲不过。

高举"变法"的大旗，打着"绍圣"的金字招牌，无疑是哲宗亲政树威的一招。若真的据此认为宋哲宗是有着完成乃父未竟事业之能的有为之君，那就大错特错了。他在位亲政期间，所面临的新旧党争问题非但没有得到解决，反而在进一步激化，由此埋下了北宋灭亡的祸患。宋哲宗更多地像一个纸上谈兵的人物，他的理想与他的实际能力距离太大，他在理论上有许多想法，但在实际运用上却缺少变通的能力，难以处理诸种复杂矛盾和关系。

在一波接一波的清算浪潮之中，淹没的不只是后来上了"元祐党人碑"（元祐党人碑：宋代摩崖石刻，北宋徽宗时蔡京专权，把元祐、元符间司马光、文彦博、苏轼、黄庭坚、秦观等三百零九人列为奸党，将姓名刻石颁布天下，后徽宗下诏毁其碑。现存碑刻为南宋旧本重刻）的旧党人士，凡与旧党阵营沾点边的人均不能幸免。接着是所谓"除恶务尽，斩草除根"。前修的《神宗实录》成了众矢之的，参与和涉及此书的人士纷纷遭到贬斥，黄庭坚作为主要撰修者之一，自然是脱不了干系。

绍圣元年（1094）四月章惇就任宰相后，即奉诏审查重修《实录》《国史》，责成蔡卞、曾布、林希同修。他们一致指斥之前编修的《神宗实录》

不实和谤史，必须重新修订。

继章惇的指责讨伐之后，御史中丞黄履、御史翟思、刘拯（字彦修）、左司谏张商英等，又指责编修《神宗实录》的官员"诬蔑先帝，为臣不忠"。在百口难辩也不容辩的情况下，凡参与《神宗实录》的编修人员均受到了降职和贬斥的处罚，主要参与者之一的黄庭坚自然也难以幸免。

师友杭州重逢

话说自元祐四年夏，苏轼出任杭州知州，转眼间就到了第二年的深秋。刚刚度过71岁寿辰的黄老夫人，见儿子黄庭坚郁郁寡欢，日夜思念远方的好友，便笑吟吟地对儿子道："儿呀，你不必受'父母在不远游'的陈言所约束，趁姆妈身子骨尚硬朗，不妨下杭州一趟，家中自有姆妈照看哩！"

黄庭坚听罢，不由不感叹母子心思相通，每当他想到什么，老母亲似乎总能未卜先知。于是，他计划等明年一开春带上儿子黄相，到杭州去探望苏轼。

有时计划往往赶不上变化。第二年上元节过后不久，黄庭坚正打算启程往杭州，不料前几天黄老夫人哮喘病复发，连日咳嗽不止。他每日侍奉汤药，精心护理，母亲的病才渐见好转。计划中的出门日子被一再推迟。在老母亲的不断催促下，黄庭坚才临时决定只身前往杭州，并打算尽量快去快回。

两位一生的好友别后重逢，一见面即老泪纵横紧紧地拥抱在一起，久久不愿分开。直到苏轼的两个美丽的侍妾朝云、琴操前来献茶，两位老朋友才回过神来分宾主坐定，畅叙离情别绪。

一连几日，身为杭州知州的苏轼几乎不上衙门办公事，天天陪着老友黄庭坚游西湖绝胜风景。二人免不了去灵隐寺礼佛，在虎跑泉品茶，登初阳台、宝石山、北高峰，看运木古井、玉泉戏鱼，游览苏轼的得意之作苏堤，让黄庭坚感到"上有天堂，下有苏杭"之所言不虚。

苏轼在湖边的葛岭有一处取名寿星院的别墅，共两层十三间房子。偶尔苏轼会在此风光如画之地办公。在寒碧轩用过茶，一上楼黄庭坚就看到

四、壮年：文坛扛鼎

了"雨奇堂"的匾额，于是他问苏轼："莫非取自兄长《饮湖上初晴后雨》七绝诗中'山色空濛雨亦奇'之意么？"苏轼说："正是，里头还有一间名之为'澄江阁'，不也是取自贤弟《登快阁》七律诗'澄江一道月分明'之意吗？"说罢，两人不约而同地呵呵地笑了起来。

有一天，应著名的诗僧佛印（字觉老，法号了元）之邀，苏轼、黄庭坚和琴操一起游览杭州城郊的玲珑山。此山为天目山之余脉，山虽不高，但古木幽深，溪石流泉，双峰灵秀，山中有古刹名为卧龙寺。苏、黄与佛印和尚一路谈论佛理禅学，三人还联袂吟咏了一首深蕴禅机的长诗，引得似有所悟的琴操不停地发问："黄太史的寒山石刻诗有句：'庭际何所有，白云抱幽石。'小妾久未参透其中的禅机，今日正好当面请教。"

黄庭坚回答道："此为某早年游天台山，仿寒山子的禅诗之意的旧作。佛印大师在此，黄某怎敢班门弄斧，还是多请教上人或汝家主人为好。"

苏轼接过话题笑对琴操道："吾向称东坡居士，今日做长老，与你试着共参究禅学，如何？"

"然也！"琴操点头表示同意。

东坡问："何谓湖中景？"

琴操答："落霞与孤鹜齐飞，秋水共长天一色。"

又问："何为景中人？"

回答："裙拖六幅潇湘水，髻挽巫山一段云。"

又问一句："何人中意？"

又答："随他杨学士，鳖杀鲍参军。"

东坡再问："如此究竟如何？"

琴操想了想，无言以对。

东坡代为解答："门前冷落车马稀，老大嫁作商人妇。"

琴操听罢苏轼引用唐朝白居易《琵琶行》中的诗句作答，低头沉思良久，似有所悟，才微微笑道："主人这长老果真做得活灵活现，小妾心服口服。"

"南无阿弥陀佛！"在一旁打坐的佛印口中念念有词；黄庭坚则是若有所思，神情严肃。传说后来琴操出家为尼，总算了却了与苏轼的一段俗世情缘。至今玲珑山尚留有与此次游历有关的"三休亭""学士松"及"琴操墓"等多处古迹。

在杭州畅游七天后，黄庭坚执意要北归返京。苏轼再三挽留道："过几天黄州的陈慥（字季常，自称龙丘先生，又曰方山子）到访，与汝也算是老朋友，贤弟可否记得其妻柳氏为'河东狮'吗？正好我们一起接待他。"黄庭坚说，至今还记得东坡当年戏耍陈慥的诗句，并大声诵出："龙丘居士亦可怜，谈空说有夜不眠。忽闻河东狮子吼，拄杖落手心茫然。"念完，两人忍不住相视一笑。

这个即将到访的陈慥，早年有过一段除苏、黄之外，鲜为人知的风流佳话。原来陈季常年少时遇家庭变故，家道中落，曾多次受邻里富家小姐、丑女柳月娥的暗中资助，考中举人后再考进士受挫，从此绝了做官的念头，饱参禅学。后来感恩戴德入赘了柳家，继承了柳员外偌大的一份家业，算是富甲一方的绅士。

前些年陈慥夫妇曾几次到汴京探望苏轼，一来二去，早就相识的黄、陈，也成了十分要好的朋友。季常曾带过黄州特有的连理松枝赠送山谷，有黄庭坚答谢陈季常的诗二首为证。

黄庭坚与陈慥之间书信往来、诗歌唱唱和不断，却有好些年未见面，本想与他在杭州好好聚一聚，因心中挂念老母的病情，实在不敢再耽搁了。他道出实情后，苏轼才不便再挽留。临行时，黄庭坚写了一封给陈慥的长信，请东坡转达。他的信引经据典，大意是讲娶丑女也是男人之福。像黄帝之于丑妃嫫母（嫫母：与钟无艳、孟光、阮氏女并称为"四大丑女"），齐宣王之于钟无艳，诸葛亮之于黄阿丑，他们自身都是帅哥美男，却并不以貌取人，实在是值得我辈效法。一再劝陈氏要善待发妻柳氏。黄庭坚对待朋友之至诚重义，由此可见一斑。

他将写给陈慥的书信托给苏轼转交，然后两位一生的挚友免不了来一阵熊抱，依依不舍地洒泪而别。

遭逢母丧

当黄庭坚急匆匆从杭州返回家中，见母亲虽仍卧床不起，但病势尚属

四、壮年：文坛扛鼎

平稳，一直悬着的心才稍稍放下。每天下朝后，他即到母亲房中探视，与继室石氏一道，昼夜不离地在床前照料。据《豫章先生传》载："事母至孝，昼夜视颜色，手汤剂，衣不解带，时其疾痛身痒而敬仰搔之，至亲涤厕器，浣中裙。"有儿事孝如此，黄老夫人多次说是前世修来的福分。

又过了不到半年，虽然黄庭坚四处请名医医治和精心护理，但母亲的病情不仅未出现好转的迹象，反而日见沉重。平日里，黄老太君是一位神采奕奕的老人，虽然是72岁高龄，但思维敏捷，记忆惊人。每当有客人来访，她总是热情接待，谈笑风生，令人觉得可敬可亲。黄庭坚常想，当年外祖母到81岁高龄谢世，以母亲的体质和智慧，寿年当不在外祖母之下。

记得自己去杭州之前，母亲只是偶感风寒，引发哮喘，不停咳嗽而已，病情说不上太严重。黄庭坚要请太医给母亲看病，她总不肯，以为不过是旧病复发，像往常一样吃些家中自备的草药，卧榻静养，挺一挺也就过去了。谁知这次起病比以往有所不同，才刚刚过了几个月，她老人家竟一病不起，而且神情枯槁，形容消瘦，病情日见沉重。

黄庭坚对母亲的病久治难愈，内心是焦急异常。请来宫中有名的太医诊断几次，开过药方后，均私下对黄庭坚称只能是尽人事、听天命，嘱咐准备后事。虽然如此，老人求生的本能仍很强烈。此时，黄老太君进食已较困难，黄庭坚三番五次请她吃点东西，她总是摇头。黄庭坚趴在母亲耳边轻声劝说："姆妈，无论如何，多少得吃点，不然儿子会很难受。"

意识还算清醒的老人，微微睁开眼睛，点了点头。媳妇石氏端来肉沫小米粥，她却用手指了指床前桌上的小笼包子，这是儿子黄庭坚今天专门给她做的。当黄庭坚把一个包子掰开，送到母亲嘴边，她只含了一小块，努力吃下去了一丁点，便无奈地

黄庭坚亲自为母亲洗涤溺器，名列24孝之一

把头歪到一边。黄庭坚夫妇见状，益发忧心忡忡，难禁潸然泪下。

到元祐六年（1091）六月十八日下午，黄老夫人病情似乎有所缓和，中午还勉力喝了半碗稀粥，但到了傍晚，一阵剧烈的咳嗽后没有调匀呼吸，老人又在迷糊中昏死过去……

接到黄庭坚托人报急的书信后，兄长黄大临前天从池州赶来了。强打起精神的母亲，还断断续续问了长子几句老家的情况。天黑之后，母亲竟然在床头抬起身子，朝窗外望了望暮雨初歇的天空，用尽气力对守在床前的黄氏兄弟俩说："昨天晚上，我梦见了你们的父亲啦。人生七十古来稀，姆妈也该走了，咱家现在客居他乡，丧事可一切从简，寄望魂魄回归故里，娘当含笑九泉。"

看到母亲大人如此明理，黄庭坚心里更添一分凄楚。兄长黄大临见黄庭坚连续几个晚上未合眼，说是今晚替换他在母亲房中守护。稍稍能放松一下的黄庭坚，心里仍是七上八下的，总担心有不祥的事情发生。入夜时分，他从城西独自散步到了大相国寺。在大悲殿他跪地祈祷，希望佛祖大慈大悲，能在母亲生死攸关之际出现奇迹。在放生池畔、在心底，他不停地反复做祷告，然而天地无声，菩萨也默默无语。

大约到子夜时分，黄庭坚刚走进家门，就听到母亲房中传出号啕哭声。他快步冲进去，母亲已溘然仙逝。他一把握住母亲尚余微温的双手，一声声呼唤，唤不出母亲的一丝呼吸；一串串泪珠，滴不醒母亲与世隔绝的长眠。

尽管对母亲的离去，黄庭坚已有一定的思想准备，但当这生离死别、阴阳两隔的一刻来临，一时间他无法接受已成无母之人的事实。他大脑一片空白，撕心裂肺，肝肠寸断，几次哭倒昏厥在母亲的灵前。

按照分宁老家的治丧习俗，黄大临、黄庭坚兄弟率至亲子侄为母亲擦净遗体，换上寿衣，即由治丧司仪主持安放灵堂、移棺、入奠和接受亲友悼念等一应仪式。由于黄老太君一生虔心向佛，故请来大相国寺的一众和尚诵《地藏菩萨本愿经》，做了一日一夜的水陆佛事道场，给她超度往生乐土。

黄母的丧礼在泪水泣声和鲜花簇拥中举行。黄氏兄弟原以为母亲不过是一位普通宅居老人，又是客死异乡，丧事由儿孙遵照母亲遗嘱，从简操办即可。没想到这一天，除自家亲戚朋友外，前来参加葬礼的各界人士，自发而来的邻里街坊、母亲的生前友好等竟达二百多人，挽联、挽诗、花圈、祭帐摆满了设在黄府大厅的灵堂。朝廷还遣内官到黄府吊唁，特赐钱绢若干以彰其表。

到了出殡的那一刻，原本晴朗的天空突然风起云黑，豆大的雨点飘然而下。众孝子贤孙及亲友均十分诧异，独黄庭坚内心明白，母亲早年丧偶，大半生随自己南北漂泊，生前多次自谓是风里来、雨里往，此刻天人感应，风呀、雨呀都赶来为她老人家送行啊！

送葬队伍乘车马浩荡出京城，黄老夫人灵柩暂时安置在京郊安陀寺佛事堂。

扶柩南归

双双为官身的黄氏兄弟向朝廷申报丁忧守制后，即决定遵照母亲的生前遗愿，择日扶送母亲的灵柩南下，归葬家乡分宁双井祖墓。

黄庭坚一家此次扶母亲灵柩返乡，也许一开始就未打算再回京城安家。临行前，他们退掉了租赁的房屋，变卖了大的家当物件，全家人只带了一些随身物品和换洗衣物。一行30多人七月底从汴京乘船，抵扬州后再溯大江而上。由于黄氏兄弟俩都是官身，尤其是黄庭坚是大腕级的知名人物，沿途过润州、池州、太平州、舒州均有官方友人拜祭灵柩和迎送接待，加上当年夏季天气异常炎热，一路走走停停长达两个多月，直到当年底才到达长江中下游的最后一站——江州。

黄老太君李氏本是江州附近的建昌人氏，故李氏娘家的亲戚若干人，已闻讯先后来到江州迎候祭拜。一直到第二年（1092）正月才回到分宁双井老家。

黄庭坚任职京官七年多来，未曾有空回来常挂念不已的家乡，这是他出仕以来间隔时间最长的一次。黄家堂屋年久失修，房屋内外已显破败迹象。为此，黄庭坚与兄长黄大临凑出一笔不菲的银钱，请弟弟叔献和叔达主持翻修黄家大屋。同时，把母亲的灵柩下葬在黄家祖墓内，与父亲黄庶衣冠冢合葬安放在一处，也算是了却父母生前的一桩心愿。

黄庭坚故事

在服丧期间，为多陪伴入土为安的母亲，黄庭坚又请工匠为他在母亲坟旁搭建了一个墓庐，取名曰"永思堂"，意为永远思念母亲的生养恩情。起初，是他与兄长黄大临轮流在墓庐中守孝值宿，后来黄庭坚以要整理编辑自己的诗集为名，把疲惫不堪的兄长劝回了家中，说是由他一人像平常一样陪伴母亲即可。

墓庐正中端挂着他请丹青高手李公麟画的母亲遗像，灵位下端则是香火和祭品。黄庭坚写了一长篇《代伯氏祭母文》（已失传）和一组组诗祭奠母亲，并一一烧化在母亲的墓前。

修水双井黄庭坚故居雕像（摄影 戴祥福）

需要对所谓"代伯氏"的文题稍作解释的是："伯氏"即指黄大临，黄庭坚一向对仁厚的兄长十分敬重，故在书面文字中一直以儿子黄相的口吻尊称兄长，这也合乎中道丧父家庭之长子如父的传统习俗。而祭母文前冠之以"代"字，与封建宗法制须遵行的一项礼仪规范相关，这项不成文的规范或许是从"立嫡以长"的皇位继承定制衍生而来。即黄大临是黄家嫡长子，是继父亲黄庶之后家族最高权位象征，但凡黄氏家族的婚庆丧葬大事，均须以长子的名义主持进行，故作为次子的黄庭坚写祭母文只能算是代兄长所拟。

黄庭坚每天都要到坟前同母亲拉拉家常，好像母亲就未离他而去，还像以往一样与他朝夕相处，相依为命。对着母亲微微含笑的遗像，黄庭坚常常浮想联翩：想到了儿时母亲手把手地教他读书写字；想到了父亲过早去世后，母亲含辛茹苦操持大家庭的艰难；想到母亲年轻时工诗善词，不

114

四、壮年：文坛扛鼎

仅以才女之名见称乡里，而且还是一位闻名遐迩的大美人。

他最不能忘怀的是：长相酷似母亲的大妹妹，出嫁洪家因婆媳关系不睦，不堪夫家的虐待，早在十多年前就羞愤而亡。此事也是母亲生前的最大一块心病。记得每年逢大妹的忌日老人都会往寺院进香礼佛，祈求佛祖保佑长女来生轮回极乐。一想到此，他寻出当年祭祀大妹写的题为《毁璧》辞赋手稿，自言自语地轻声地念道："毁璧兮陨珠，执手者兮问过。爱憎兮万世一轨，居物之忌兮，固常以好为祸……"

黄庭坚含悲忍泪念了起首几句，即泣不成声，难以继续下去。控制一下情绪后，他将手稿焚化在母亲的墓前。意在告慰老人家，不会忘记她生前的一再嘱咐，一定会对洪家不计前嫌，尽全力照看大妹亲生的洪朋、洪刍、洪炎、洪喜四个儿子。后来在黄庭坚的提携指点下，四人均有诗名，列名"江西诗派"（江西诗派：南宋词人吕本中作《江西诗社宗派图》）中的"四洪"。

这年五月，黄庭坚的叔父黄廉也因病逝世，享年71岁，黄家又经历了一次失去至亲长辈的伤痛。

由于黄庭坚是当朝博学多才的史官，与苏轼齐名的大诗人和蜚声海内的大书法家，在他服丧守制期间，仍有不少远近州县的文人士子、显宦达贾，慕名前来吊丧和求诗索字。返乡守制的头一年，黄庭坚无心吟诗题字，故在感谢宾客悼念母亲好意的同时，大都以服丧期内已发心愿为由，婉拒了众多人士求诗求字的请求。

第二年，到了母亲逝世周年的忌日。黄家在安康郡老太君的墓前，隆重举办悼祭仪式。孝子贤孙及四方亲友依次向黄夫人墓行敬香和跪拜大礼，并祭祀扫墓。随后一干人回黄家屋堂出席盛大的白事祭宴。参加宴集的有上百人众，黄家屋堂足足摆了10桌宴席。过了掌灯时分，祭事渐近尾声，只见黄家长子黄大临走到堂前中央，声泪俱下宣读了出自黄庭坚手笔的那篇祭母文，最后代表全家答谢了众亲友的莅临，说是略备粗茶淡饭和薄酒一杯，谨表黄家老小的谢忱！

举办母亲周年忌日祭典的那一天，在永思堂墓庐内，与他有师徒情分的祖心禅师，继年初迎黄母灵柩率领一众和尚做法事之后，又一次下黄龙山到双井祭奠黄夫人并看望山谷。此外，黄庭坚还第一次见到了前来祭奠吊唁的黄几复的两个儿子：12岁的黄大毛，10岁的黄小毛。至此他才得知黄几复已于去年病殁岭南任所。一阵感叹唏嘘之后，黄庭坚难却好友后代的盛情，破例为好友黄几复补写了一篇墓志铭，并赠给家庭经济状况不宽裕的黄几复二子各20两银子，一再嘱咐他们要孝敬和照顾好自己的母亲，以慰乃父的在天之灵。

　　替人写墓碑碑文而接受所谓润笔费，起自于东晋，唐、宋均比较盛行。苏东坡对此类有歌功颂德之嫌的文章比较不感冒，曾与黄庭坚约定尽量少写此类碑文，如实在难以推却，则应拒收润笔费。苏轼在京任翰林学士时，应皇帝的诏令给五位德高望重的大臣写过墓志铭。这五人是富弼、司马光、范镇（字景仁）、张方平（字安道，号乐全居士）、赵瞻（字大观），而润笔费分文未收，这一点黄庭坚是再清楚不过的。

　　到了服丧期的第二年，因为黄庭坚的名气实在太大，他给黄几复题写墓志碑文的消息不胫而走，不免引出了凡事有其一则必有其二的连锁反应。一时间，馈重金请黄庭坚书写碑文的人士络绎不绝，几乎快要踏破了门槛。黄庭坚大多是以服丧为由予以婉拒，但至少也有几次例外之事。分别是他的堂叔黄渊文、表兄徐纯中、妹夫王纯亮的相继去世，在亲戚们的一再恳求下，他分别为上述三人撰写了墓志铭（近年在修水发掘出土了这三座墓志铭石碑）。此外，他应县令胡器之的约请，为县中新落成的"图书馆"题写了《洪州分宁县藏书阁铭并序》一文，序文中所说的"夫士不可一日而无学，民不可一日而无教"，一直被修水县历任县宰和学人奉为经典名言。此外，他还应里中贤达请求，分别为县城的南山崖题写了五米见方之"佛"、双井村名之"双井"、黄龙山佛寺之"黄龙山"等摩崖石刻大字。（这些石刻历经千年风雨洗刷，至今仍在故地清晰可辨）

　　光阴荏苒，转眼间近三年的服丧期已过去了。按宋制黄庭坚与兄长黄大临须赴京起复官职。临行前一天，全家大小一起来到祖墓最后一次祭拜了父母双亲。次日，黄庭坚先乘船扬帆顺水东下，哥哥黄大临、弟弟黄叔献待处理完几笔田租账务后，即按照事先的商定，携家眷40口赶来江州与黄庭坚会合。

　　七月中旬抵达江州，黄庭坚即遇上一喜一忧之事。喜的是与南下岭南苏轼在彭蠡不期而遇；忧的是朝廷已下达所谓《神宗实录》"多诬"的诏命，令黄庭坚等十一月前到达京畿陈留接受审问。

在彭蠡逗留到第三日，天气转好，江面风平浪止。

自杭州一别，苏轼屡遭贬谪，颠沛流离于边远之地。这年四月苏轼谪知英州，六月改为惠州安置，携带幼子苏过南行。两位鬓发苍苍的老朋友，暮年相见非容易，索性同船同住三天，同枕共被；酒逢自己千杯少，醉卧船舱，共话这几年的离情别绪，也洞察了前程的险恶。由于行色匆匆，此次相见，二位大诗人均未留下题咏，而且从此竟成永诀，再无机缘谋面。

黄氏兄弟与苏氏父子洒泪相别。在顺大江东下的客船中，黄氏兄弟俩多次商讨后认为，目前朝廷党争不息，苏、黄不只是诗文齐名，命运浮沉也相似。黄庭坚此行北上陈留前程难料、凶多吉少，很有可能也像苏轼一样，难脱被贬谪边远地区的命运。

基于上述判断，兄弟们决定等船行到太平州境内后，把家眷暂安置在交通来往较便利的芜湖，待陈留勘问的结果出来后，再视情况而定去向。后来黄庭坚在蜀中与友人的通信中追忆了当时的情景："某兄弟同行四十口，得罪以来，势不可扶携，皆寓太平州之芜湖县，粗营柴米之资，令可卒岁。"

船抵江城芜湖，黄氏兄弟上岸租赁了名为陈园的一处住宅，凑足了约可维持全家一年的生活费用，安顿了全家老小。由于极不放心二弟黄庭坚只身前往陈留，善良宽厚的兄长黄大临决定辞去越州司理的官任，执意要陪同黄庭坚北上陈留。

待罪陈留

黄庭坚在绍圣元年（1094）曾被授除宣州知州，后又改鄂州知州，均未到任就职。由于《神宗实录》受到宰执和台谏的严厉指责，朝廷下诏对所有编修人员进行隔离审查，刚刚母丧丁忧期满的黄庭坚，被责令到京郊不远的陈留接受审查拷问。

审问期间，虽然没有完全限制黄庭坚的言行自由，但实际上罢免了他所任的官职，仅给他保留了一份养家糊口的俸禄。在这种险恶的处境下，他已对官场彻底绝望，对未来不抱任何奢望。他与兄弟们相商，将家眷暂时安置在往来便利的江城芜湖，打算等到事情了结后，再南下与家人在此安度余生。

从家乡赶来相伴黄庭坚的兄长黄大临，执意要陪着黄庭坚北上陈留。兄弟俩十一月到达目的地，被指令寓居于东寺净土院之深明阁。不得随意走动，有点类似当今规定时间、规定地点的"两规"。

在京畿重地陈留，对黄庭坚等的审讯，由新任门下侍郎蔡卞为主审，御史刘拯、贾易（字明叔）为同审。讯问的方式是先斩后奏，即预先对《神宗实录》的数10卷文字，仿佛用筛子先筛过一遍，挖出编写的1000多个"失实"之处的词条，然后，审讯官采用车轮战的方式，让折磨得疲劳不堪的被审讯者招口供、画押认罪。

经过几次过堂之后，蔡卞等没有从黄庭坚身上得到想要的东西。上千个勘误词条都是些鸡零狗碎的材料，连主审官蔡卞也在黄庭坚的反问下，屡次不好应答，欲言又止，自己都感到有些不好意思。

蔡卞是著名的大奸臣蔡京之弟，曾以大宋特使的身份成功出使辽国，显示了卓越的外交才能。因学养深厚，被王安石亲招为女婿。除了一手好书法与乃兄相差不大外，为人比蔡京有着天壤之别。完全罔顾事实，不讲证据，无中生有的龌龊事，蔡卞还真的做不出来。

尽管《实录》系钦点的重案，面对上面的督办，蔡、刘、贾三位审讯官一合计，索性把原来勘误的1000多词条精简压缩到32条，其中最致命的是一句："用铁龙爪治河，有同儿戏。"并商定以此为突破口，最后一次提审黄庭坚，以尽快了结此案。

"黄鲁直，以失实之言，毁谤先帝，你可知罪？"蔡卞严厉问道。

"据事直书，向来为史官的本分，黄某不知何罪之有？"黄庭坚的回答仍然是不卑不亢。

"看来你是不见棺材不掉泪！吾有白纸黑字的铁证在此，你想抵赖不成！"贾易拍桌发火道。

"既然三位大人有证据，那么，就请当堂出示，如果属实，黄某甘愿认罪。"黄庭坚一再要求出示证据。

四、壮年：文坛扛鼎

只见后堂一书吏拿着一本《神宗实录》，上前递给坐在主审位的蔡大人。蔡卞接过书翻到做了记号的页面，自己看过后，又递给身旁的刘、贾。三人低声商议几句，由蔡卞接着讯问："黄鲁直，你在《实录》卷九所书的：'铁龙爪有如儿戏'，难道不是在诬损先帝推行水利新法吗？"

"回大人，黄某早年为太和令时，曾对先帝新水利法择善而从，也取得了不错的效果，这是人所共知的。后某调任德州为知监，曾亲见当地水利施工将铁龙爪系在船尾，沉入河中，意在通过疏浚河道泥沙而加大排洪流量，进而减轻水患。由于铁龙爪的设计存在重大缺陷，用这种工具治河的确是劳而无功，劳民伤财，真如儿戏耳。此事据实直书，绝无诬损先帝之意。"黄庭坚矢口否认强加的指控。

"好，好呀！既然你一再否认，我等只好据实奏报朝廷，由圣上裁决吧！"蔡卞说完即宣布讯问暂告结束。

在陈留接受审查的过程中，黄庭坚始终不惊不惧，从容镇定，凡审讯官有问，皆直辞以对，闻者无不壮之，叹其非一般儒生文士。就连主审官、书法大家蔡卞在初审时，看到黄庭坚笔走龙蛇写的自供状，也难禁暗暗叹服其书法技艺的高超，并在权职范围内，或多或少地给予了他一些关照。

审查结果进呈后，触怒了年轻气盛又薄情寡恩的哲宗皇帝，导致被审查史官全部受到贬谪处分。据《山谷年谱》引《国史》载："国史院取会到编修官范祖禹、赵彦若、黄庭坚所供文状，各称'别无按据，得之传闻事。'上曰：'文字已尽见，史官敢如此诞慢不恭！'"章惇等又从旁推波助澜，哲宗遂下谪命，黄庭坚责授涪州别驾，黔州安置。

贬谪罢官的诏命下达后，羁留在陈留的史官们都含悲哭泣，唯独黄庭坚神态轻松，倒头便睡，不一会儿即鼾声大作。对此，其诗僧朋友惠洪（一名德洪，字觉范，自号寂音尊者）的《石门文字禅》有载："山谷初谪，人以死吊，笑曰：'四海皆昆弟，凡有日月星宿处，无不可寄此一梦者。'"正是有了这一分随遇而安的旷达和处变不惊的镇静，年逾半百的黄庭坚才能直面厄运的挑战，勇敢地迈向贬谪之所——蜀中黔州。

跋涉蜀道

宋绍圣二年（1095）正月，在兄长黄大临的陪同下，黄庭坚特意绕过都城汴京，直接从陈留踏上入蜀的贬谪之途。朝廷虽给他保留了一个低微的"涪州别驾"官身，实则是安置在黔州（今重庆彭水县）思过反省。挂的是空头官衔，不需办公事，也无班可上，有一定行动自由，但工资、奖金、福利停发，基本生活费还得自行解决。

黄庭坚年过半百，又是被贬到边远地方的戴罪之身，在北宋官场算是基本被废掉了"武功"。尽管陈留与京师近在咫尺之间，然而过去的亲朋好友均避之唯恐不及；不少酒桌上拜过把子的"兄弟"更是玩起了失踪的把戏。世态炎凉，从来如此。一向清高的黄庭坚经与兄长相商，决定绕过京城，往蜀中进发，以免碰上熟人而彼此尴尬。

凡事都有例外，兄弟俩临出发之际，一位原来黄庭坚帮过小忙而交往并不深的友人赶到了陈留送行。

此人叫唐之问，是南宋大诗人陆游（字务观，号放翁）的外祖父。正是由于有这样一位在逆境中不离不弃的热血朋友，我们才能从陆游《家世旧闻》的记述中，得知当时发生在他们之间的一些珍贵史实。陆游记述道："黄鲁直以史事拘于陈留，或谓大臣且坐以谤讪先烈，置极典，虽亲戚不敢与通，公（唐之问）独自京师弛至陈留谒之。比鲁直谪命下，公又调护其行，至衣袜茵被，皆出公家。"

陆游这段记述，多少有为自己的外公仗义疏财之举自豪的意思。但请注意，此时丢官落泊的黄庭坚，连去蜀中的日用行李衣物还得由唐之问资助，可见已陷入穷困潦倒的窘境。更重要的是陆游告诉了我们一个牢不可破的真理：就人世间的友谊而言，困难和逆境，永远是最好的试金石。

唐朝大诗人李白在《蜀道难》中感叹道："蜀道难，难于上青天。"黄庭坚的贬谪蜀中之路，也是一条使人不寒而栗的崎岖畏途。兄长黄大临停官不做，先是陪他到陈留待罪，眼下又执意要陪同长途跋涉，一路护送他往蜀中。黄氏兄弟之间这种非同寻常的感情，可谓情深似海，感天动地，

四、壮年：文坛扛鼎

有这样一位兄长的一路相伴，落难的黄庭坚算是不幸中的万幸啊！

兄弟俩从陈留向西南前行，先从陆路穿越今河南中部和湖北北部，抵达古城江陵，再乘船溯江而上，向黔州进发。

在江陵，由于银钱所剩不多，兄弟俩又决不愿打扰官府，情急之下，去寻找当地一位以前几乎没有来往的远亲。出乎他们意料的是，这位叫李尧臣（字元叔，其继室张氏，为黄庭坚大姨娘之女；其弟李汉臣，字仲良，后黄庭坚曾为之作《李仲良墓志铭》）的远房亲戚，竟是一位古道热肠的员外，不仅盛情款待了落魄的兄弟俩，还资助了一些银两、衣食若干和遣派了一随侍仆人，无疑是给落难中的黄氏兄弟雪中送炭。

黄氏兄弟一路舟次下牢关、渡天门，搏击激流险滩；走过了三游洞、黄牛庙、鹿角滩、一百零八盘奇峰等艰难险地；趟过了三峡四十八渡、滟滪堆、鬼门关等无数惊涛骇浪，历尽千山万水，到当年四月二十三日，终于抵达黄庭坚的蜀中贬所——黔州。

谪居黔州

黔州的治所彭水，位于巴蜀渝州（今重庆）的东南部，处武陵山区，巴江（今称乌江）流经其境。由于人生地不熟，加上囊中羞涩，黄庭坚一行开始借住在开元寺的摩云阁中。该寺因建于唐开元年间而得名，位于彭水县城西北面的制高点，依山而临江，远近风物可一览无遗。

沉稳忠厚的兄长黄大临，千辛万苦地将二弟送达贬所，仍不忍弟弟一人孤寂愁苦，将东返的行期一再拖延。一直到了当年六月十二日，也即是为黄庭坚过了51岁的生日之后，才与二弟依依难舍地挥泪而别。

绍圣二年（1095）秋，他的四弟黄叔达带着嫂子石氏、侄儿黄相，以及自己的家眷一行，搭乘友人苏坚（字伯固）的船从芜湖启程，来黔州与黄庭坚会合。苏坚其人重友情，讲义气，早年一直做苏轼的助理佐官。黄庭坚前往杭州时，经苏轼的介绍与苏坚结识，两人亦成为拜把子的知心朋友。

人多确实也热闹，但时间一长之后，吃饭也多的问题出来了。黄叔达本是一个放浪不羁、穷困潦倒、对科举仕途不屑一顾的读书人，随带盘缠经长途跋涉所剩无几。柴米油盐时刻不可或缺，好在天无绝人之路，黄庭坚与善于勤俭持家的石氏一合计，决定凑齐全家仅剩的银钱，先是买来木料和沙石，自己动手盖起一栋一堂四居室的简陋房舍；接着是买田种粮和开荒种菜，可谓是男女老少齐上阵，自己动手丰衣足食。

由于当年风调雨顺，加上石氏的早晚殷勤和精心照料，黄家种的田地第二年即喜获丰收，粮食、蔬菜基本做到了自给自足。住的是自己盖的，吃的、用的主要靠自己劳动生产。对于这种半似发配半似农耕的生活，黄庭坚与家人只能是适者生存，随遇而安。为此，他在与友人的通信中描述了自己在贬所的生活状况："到黔中来，得破寺墟地，自经营筑室以居，岁余拮据，乃蔽风雨，又稍葺数口饱暖之资，买田硅菜，二年始歇肩。"（《与唐彦道书》）

农事之余，看看书，下下棋。他不顾已戒酒多年，有时会自斟自酌几杯。面对艰苦的生存环境，自寻其乐。养花种竹，与禽鸟相乐；游山水林泉，陶冶性情。所谓处江湖之远，则独善其身吧！

黄庭坚自诩于黔中一老农，与世无争，尽量减少与外界人士交往，目的是全身避祸。他还时常想到，当人年轻的时候，聪明敏捷，但是思想单纯；当人步入老年时候，成熟稳重，经验丰富，但是少了很多的锐气。在人生的每一个阶段，人的优、缺点总是共生的。无论是在顺境还是逆境，能做到心态平和，才是至关重要的人生要诀。

绍圣三年五月的一天，黄庭坚继前不久创作著名的草书长卷《廉颇蔺相如列传》的基础上，又一口气书写了李白的《秋浦歌》15首，并在所作的跋语《书自草〈秋浦歌〉后》中描述了自己此时较轻松闲适的心态。

此一时期，黄庭坚一改当初在京城与苏轼等一班文友宴集雅乐的张狂，表现在诗歌的创作相对减少，填词作曲却多了起来。这一点与苏轼正好相反，苏轼壮年时作词甚多，佳作如泉涌，至老谪岭南，则词不多作而诗兴不减。北宋时期，通常认为词为诗余，登不得大雅之堂，也就易挣脱文字狱的网罗，苏、黄之个性差异由此可见一斑。

黄庭坚在黔州诗少词多，总体上处于创作低潮期，共创作诗歌19首，词作反倒有27首之多。除了上述避祸的原因之外，肯定还与巴蜀姑娘能歌善曲有关。黔州虽称巴山蜀水凄凉地，少数民族歌舞妓乐却比中原地区还

四、壮年：文坛扛鼎

要兴盛。黄庭坚是名扬天下的诗词大家，他到达黔州不久，就有不少歌班业主慕名求其填词作曲，以求"名人效应"带动生意兴隆。黄庭坚则为了广结人缘和聊补家用，有意识地结合巴蜀词重小调和乐，以及长短错落、反复咏唱的特点，应邀写了多首小令组曲。在此仅以他在黔州创作的一首很有名的《定风波》为例：

万里黔中一漏天，屋居终日似乘船。
及至重阳天也霁，催醉，鬼门关外蜀江前。
莫笑老翁犹气岸，君看，几人黄菊上华颠。
细马台南追两谢，驰射，风流犹拍古人肩。

对黄庭坚这首词略作分析，不难看出到了"知天命"之年的黄庭坚词风的明显变化，也可以说至此他一改其往日香艳清丽的词风。以往惯于与美女歌妓的卿卿我我，不再是吟咏的兴致所在，而主要抒写的是人生的际遇和不屈的志向，遣词措意明显有向巴蜀词调汲取养分，尤其是向苏轼开创的"以诗入词、以文入曲"之豪放词转变的痕迹。

黄庭坚虽是以负罪之身谪居黔州，但当地官员对他却并不以罪臣相待，有的还对其关照有加，加上他卓越的才华和响当当的名声，吸引了不少远近文人雅士前来求教请益。

他到达黔州时的知州为曹谱，通判为张梵，均是东京洛阳人氏。二人好学尚文，因仰慕黄庭坚文才而对他多有关照；后接任曹谱为知州的高羽，以及当地的一些官吏对他均相待甚厚。还有泸州知州王献可（字补之），不仅仗义疏财，时常在生活上接济黄庭坚一家，并与黄庭坚书信往来不断，仅收在《山谷刀笔》之中的就有 36 封之多。黄庭坚在此收徒授学，褒扬后学，还不止一次向太守王献可推荐过当地一些学有成就的青年人才。这些文化水平较高的俊彦人才被录用到王献可的幕府后，个个都很干练称职。

在黔州众多追随黄庭坚的青年才俊中，他最赏识的是眉州人杨皓（字明叔）。此人当时在黔中为官吏，其父与黄庭坚的叔父黄廉有同年之契（同年之契：科考同一年录取）。黄庭坚十分嘉许杨皓的人品和才华，谓"杨明叔不病陋巷而乐其义，不卑小官而尽其心，强学不已，未易量也"（《跋欧阳元老、王观复、杨明叔简后》）。最值得一提的是：在黄、杨亦师亦友的交往中，黄庭坚曾将唐代魏征（字玄成，唐朝政治家、思想家、文学家、史学家，因直言进谏，辅佐唐太宗李世民共同创建"贞观之治"的大业，被后人称为"一代名相"，因多次指出唐太宗的过错并能提出有效的政策，因此被称为"百策"）的《砥柱铭》书写抄赠一幅给杨皓，期待杨皓像中流砥柱一样自立于世，持节守操，不为世俗所移。

正是黄庭坚手书的这幅《砥柱铭》书法作品，后来辗转流落民间和国外近千年，到2010年6月3日，在北京保利春拍卖中拍出4.368亿元人民币的天价，由此创下了中国艺术品拍卖市场的最高价格纪录。

远离京师，谪居蜀地，黄庭坚一以贯之地奖励提拔青年后辈。他与杨皓有着师生之谊，对其期许甚高，从二人来往书信所述中即可见一斑。

有一书信说到，一个晚上，黄庭坚从江边散步归来，见一挑夫病倒路上，他赶忙把病人扶到附近一寺庙中救醒。听此人一开口说话，分明是分宁同乡。常言道"老乡见老乡，两眼泪汪汪"，黄庭坚是重乡情之人，理所当然要为这位老乡打抱不平。原来，此人为挑脚夫，去年受雇于南雄州两名客商，千里挑重担入黔，不幸途中病倒。客商担心其成累赘，竟解雇并弃其而去。路见不平，古道热肠的黄庭坚立马写快信给县尉杨皓，要求其找到下榻在驿站的两名客商，责令两人对病者或作适当经济补偿，或出钱将患者病治愈后让其返回家乡。在县尉杨皓的干预下，最后算是妥善解决了问题。

另一封信则写道：当地修葺一座石桥，使用木料有偷工减料之嫌，黄庭坚嘱杨皓要亲临现场考察，才能发现问题，并及时矫枉过正。

还有一封信提到杨皓参与襄理地方乡试，黄庭坚向他传授自己曾七次做考官的经验："试院所欲知者：一曰公，二曰密，三曰敬，四曰通。公则请托不行，密则讼源塞，敬则士心服，通则尽人所长。某顷凡七作试官，凡考试中怪事未尝有也。"（《与明叔少府书》《别集》卷十九）

由上述书信内容可看出，黄庭坚在贬谪的逆境中，不仅没有与世隔绝，不食人间烟火，相反仍很关注世事，特别是关心底层民众的冷暖疾苦，显示出其一身正气和仁爱情怀。他对从学的杨皓寄予厚望，希望其能仕途畅达，有所作为。不料经纶满腹的杨皓依旧沉沦下僚，与从不懂官场运作的

四、壮年：文坛扛鼎

乃师黄庭坚一样，天真地以为只要加倍努力工作，上级总会考虑提拔任用的。结果是杨皓任州县官吏多年，政绩有口皆碑，但既不跑又不送，上面也没有任何靠山，眼看得资历相差不多甚至比他差一截的个个得到提拔，杨皓仍是原地不动。为此，黄庭坚由衷感叹道："杨明叔从予学问，甚有成，当路无知音，求为泸州从事而不能得。"（《次韵杨明叔见饯十首序》《内集注》卷十四）

在贬谪之地广结人缘，生活之资基本做到自给自足，又能与夫人石氏、儿子黄相朝夕相处，以及弟弟叔达一家的陪伴，黄庭坚不仅渐渐适应了黔州的生活环境，而且还有了点"黄连树下弹琴，苦中作乐"的意思。然而，按照古人所谓的"人生不如意事常十之八九"的概率，不称意之事果然不期而至。

元符元年（1098）春，黄庭坚的外弟张向任提举夔州路之常平，正好黄庭坚所在的黔州属于夔州路的治下。按宋制内亲当回避，于是，官瘾很重的张向主动向朝廷上疏动议，此举正好迎合了当政的赵挺之等人的意思，黄庭坚由黔州安置改为戎州安置。

《山谷年谱》引《国史》本传云："贬涪州别驾、黔州安置，言者犹以处善地为屈法，会避亲，遂移戎州。"这段简短文字，说明了当权者本来就觉得原先对黄庭坚的处罚还不够重，不念亲戚之情的张向"大义灭亲"，给当权者提供了一个再好不过的借口，于是，责令黄庭坚迁去戎州。戎州治所僰道（今四川宜宾），毗邻高原山区，为更偏远的凶险之地。

戎州安置

对于不期而来的厄运，黄庭坚的人生词典找不出"屈服"这两个字。这一年的三月底，他典卖了黔州的房屋和田地，携全家老小溯江而行往戎州，并辞别出蜀往分宁老家探亲的知命一家。一路船行险滩暗礁，黄庭坚是历尽艰险痴心不改，沿途仍不免留连山水，访亲问友，吟诗作对，自寻其乐，直至六月上旬才抵达戎州。

初到戎州，黄庭坚及家人先是暂寓居于城南一寺庙，然后在附近租赁一简陋的房屋居住,自命名为"任运堂"。后在友人的帮助下,筹资翻造了一栋倒塌的旧屋子,起名为"槁木庵"。从这些住宅名称来看,他力图以随缘任运、泰然处之的态度来对待人生的逆境,将生死荣辱置之度外,且自谓饱经人世风霜,心如枯木死灰,不复为世俗的变迁所动。他的《任运堂铭》中即表明了这种与时不逢的心态:

或见傀居之小堂名任运,恐好事者或以藉口。余曰:腾腾和尚歌云:"今日任运腾腾,明日腾腾任运。"堂盖取诸此。余已身如槁木,心如死灰,但不除须发,一无能老比丘,尚不可邪?(《别集》卷二)

与谪居黔州时一样,戎州的地方官对黄庭坚也十分礼遇。时任戎州知州的彭道微就曾亲临"槁木庵"探望,不仅嘘寒问暖,还时常派人照看和料理他一家的生活。州吏李珍受命前来黄家帮忙盖房子和做家务,一来二去与黄庭坚一家成了无话不说的好朋友。

出于对黄庭坚才学的景仰,远近州县的一些文人学士,特别是不少青年学子纷纷前来求教请益。黄庭坚仍是文人习性不改,每到一地,特别留意观察和发掘人才;凡遇有志向学的青年才俊,无不热心教诲,并力所能及向有司举荐。

黄庭坚初到戎州,由于心境豁达,相比在黔州而言,很快就从人地两生、

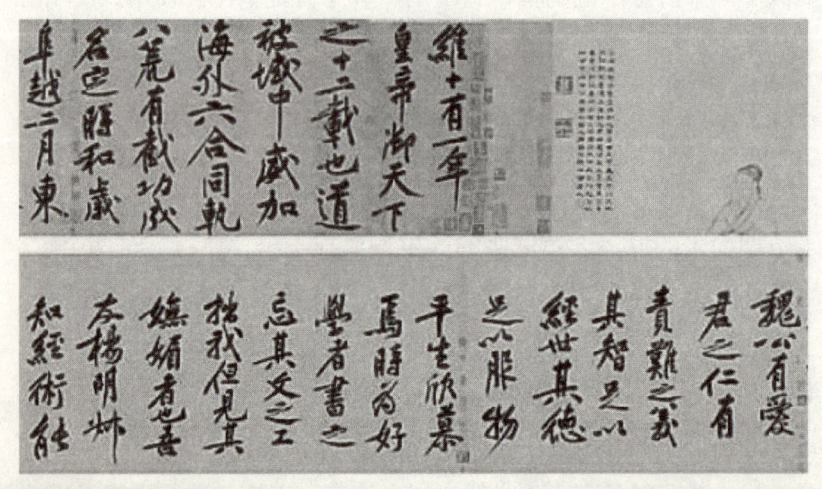

黄庭坚《砥柱铭》书法局部

四、壮年：文坛扛鼎

从自我封闭的圈子中走出来了，结交了更多的志同道合的蜀中文化人士和朋友，生活也增添了更多的情趣。

从黄庭坚到戎州后的诗文及与友人的书信中可知，他接触的蜀中知名人士明显增多，游历的范围明显拓展。据粗略统计，此一时期，与其来往甚密的文友和从学的青年学子总共有50余人。其中最为亲近的有王蕃（字观复）、黄斌老及其弟黄子舟、王庠（字周彦，苏轼侄婿）、石谅（字信道，后其女嫁黄庭坚之子黄相）、范寥（字信中）、杨素（号素翁），以及方外的简州景德寺觉范道人、荣州祖元大师、眉山居士吴元祥等人。

黄庭坚与上述蜀中友人之间，来往或书信不断，或频繁诗文唱和，或流连胜景，不仅给偏远之地的戎州留下了丰厚的文化遗产，而且大都因怀才不遇的相似际遇，使他们之间缔结下了深厚而真挚的友谊，彰显了共同的忠君报国抱负和超凡脱俗的精神追求。

黄庭坚在蜀中广交游，结友情，使他能在残酷的政治打击下始终保持着良好的心态。蜀中官吏的友好相待，蜀中士人的尊师向学，以及与方外之人的谈佛论道，都冲淡了黄庭坚的压抑心情和精神痛苦，使之能在没有歧视和侮辱的友好环境中平复着创伤，养心冶性，不仅个人性情修养得到更进一步的提升，而且其文学观念也再次发生较大转变。

相对闭塞的巴蜀地域，尤其是黔州、戎州地域相对落后的文化生态，也因黄庭坚的到来得到逐步改变。一时间，原来冷落贫瘠的黔州、戎州之地，因为大批士子的从游问学而变得热闹起来，求学尚文蔚然成风，以至吸引了一些市井之人也来从学黄庭坚门下。

不仅如此，黄庭坚的文学盛名，也推动了黔州、戎州地区文人之间的诗酒雅会。如戎州太守刘广之就借迎候黄庭坚到来之机，在城郊锁江亭举行荔枝宴饮之集会。太守之宴名流云集，参与者甚众，"醉能同其了，醒能述以文者"显然不只是太守，会后还将众人在宴席上吟咏的诗词结集印行。这样的文人诗酒雅会肯定不止一次，而且一次比一次更具有地方特色和文化含量。文人诗酒唱和而自然形成的文化氛围，不仅活跃了戎州文化生活气氛，还有力地刺激了世人的向学之风。

黄庭坚学诗向来推崇杜甫。贬谪入蜀以来，他遍访杜甫的诗歌文化遗存，并一直打算把杜甫流寓两川及夔州所创作的诗歌全部书写刻石传世,使"大雅之音久湮灭而复盈三巴之耳"(《刻杜子美巴蜀诗序》)。

杜甫号称"诗圣",黄庭坚书法称为"宋四家"之一,两者相结合的诗书石刻,无疑是绝世的精品文化工程。为做到精益求精,黄庭坚想找一位才、财两全的"奇士"主持此事,但一直未能如愿。直到蜀中富豪且行侠仗义的杨素翁的慕名而来,黄庭坚才觉得眼前一亮,于是"悉书遗之",将此事委托杨素翁全权主持进行。

杨素翁说干就干,经过数十名石刻艺人和泥瓦工匠夜以继日地施工,不到一年时间即大功告成。竣工之日,黄庭坚将存放杜诗石刻的堂宇命名为"大雅堂"。惜乎往事越千年,这一无与伦比的文化遗产,在岁月长河的淘洗中早已亡佚了。

开破酒戒

黄庭坚先后以"山谷道人""涪翁"等名号自谓。从元丰六年(1083)他在泗州作《发愿文》戒酒之日算起,忽略不计在京师、黔州偶尔饮酒,他时断时续戒酒差不多十五有年。此时,身逢逆境,贫病交加,加上蜀地湿气重,他不顾有违佛家弟子的禁忌,毅然破了酒戒,重新恋上了恼人又惹人的"杯中物"。

蜀川自古是名酒佳酿的主要产地,戎州更是有"酒城"之誉。在戎州期间,黄庭坚常与一班文士寄情于山水之乐,纵情诗文画意,遍尝戎州各类名酒的同时,共创作了17篇涉"酒"的名诗佳词。

在戎州的一个夏日,当地名流廖致平邀请黄庭坚等到家中品尝"荔枝绿"这种本地名酒。他们仿效王羲之在《兰亭集序》中记述的"曲水流觞"的雅趣,将酒杯置于随溪流而下的小竹筏上,漂流到谁的面前就由谁即兴赋诗一首。当轮到黄庭坚时,他起身举杯一饮而尽。连声称赞好酒!好酒!说是先闻其香,其香沁人心脾;再观其色,酒色碧绿晶莹。遂诗兴大发,当即吟咏一首《荔枝绿颂》:

四、壮年：文坛扛鼎

四川宜宾流杯池山谷石像

　　王墙东之美酒，得妙用于六物。
　　三危露以为味，荔支绿以为色。
　　哀白头而投裔，每倾家以继酌。
　　忘蛣蜣之蠼蜗，见醉乡之城郭。
　　扬大夫之拓落，陶徵君之寂寞。
　　惜此士之殊时，常生尘于尊勺。

　　后人为纪念黄庭坚这次饮酒赋诗，就在小溪边建"流杯池"和山谷祠堂。山谷祠位于流杯池附近，为南宋时纪念山谷居戎州所建，几经修葺，长达七八百年之久，其重修后的部分建筑至今犹存，成为流杯池公园的一部分。（祠堂是我国古代祭祀祖先的圣坛，山谷祠是戎州人缅怀山谷的场所。每逢大祭，地方官吏、本地贤达毕至于此，"岁使叙民奉豚酒"祭祀，表达戎州人追远怀本之心）

　　饮酒会上瘾，一上瘾就难以自控。作为失意文人的黄庭坚一旦开了酒戒之后，每日一顿酒则必不可少。黄庭坚酒性豪爽、酒量超群，与人斗酒很少有居下风之时，故成了戎州闻名的"酒仙"和品酒高手。他专门为当地另一款名酒"姚子雪曲"作过《安乐泉颂》，并在序文中道："锁江安乐泉为僰道第一泉，君玉取之以酿酒，饮之令人安乐，故余兼二义名曰安乐泉，并为作颂。"其颂曰：

> 姚子雪麹，杯色争玉。
> 得汤郁郁，白云生谷。
> 清而不薄，厚而不浊。
> 甘而不哕，辛而不螫。
> 老夫手风，须此晨药。
> 眼花作颂，颠倒淡墨。

经后人反复考证，黄庭坚此诗高度赞美的这种当时称为"姚子雪曲"酒，即是后来大名鼎鼎的"五粮液"前身。（在今天的五粮液酒城安乐泉景区，最引人注目的是黄庭坚的青石座身雕像，人们以这种永久的方式，表达了对这位最早的五粮液名酒鉴赏家、品尝家的怀念和景仰）

借酒助兴，时得其乐。因生活境遇的改变，同样发生了词曲风格上的明显变化。黄庭坚在戎州作曲填词，再无以往艳词的情思缠绵，更多的转向抒写人生的际遇，向世人展示他身处逆境而坚守正道的情怀。如他在戎州所作的著名的词曲《水调歌头》：

> 瑶草一何碧，春入武陵溪。溪上桃花无数，枝上有黄鹂。我欲穿花寻路，直入白云深处，浩气展虹霓。祇恐花深里，红露湿人衣。
> 坐玉石，倚玉枕，拂金徽。谪仙何处，无人伴我白螺杯。我为灵芝仙草，不为朱唇丹脸，长啸亦何为？醉舞下山去，明月逐人归。

这首词的上阕以陶渊明自喻，下阕则引李白为伍，表示他要从陶的宁折不屈、李的浪漫洒脱中吸取精神力量。出仕从政以来的无数经验教训告诉他，在北宋内外交困、政治黑暗和危机纷乱的政局中，自身随时都有被恶浪淹灭的危险，何况他的生命之舟早已触礁。面对世态炎凉和人心不古，他似乎不再挂怀了，取而代之是心灵的乐观放松和穷且不坠青云之志的人格风范。

尽管此时的朝中当权者视黄庭坚为眼中钉、肉中刺，必欲弃之而后快，但戎州地方官吏、民众对黄庭坚却关照和爱护有加。黄庭坚回报戎州的，则是一批不可估量的文化财富：10余处至今尚存的遗迹，55首写景状物的诗，13篇文采风流的文章，17首抒情达意的词，6篇赞酒寄兴的赋颂，200余随笔应酬的信札，88件有迹可寻的书法。特别是其毕生书法精品多半出自戎州。如《苦笋赋》《诸上座帖》《苏轼寒食诗跋》《牛口庄题卷》《刘禹锡竹枝词卷》《题庞居士寒山子诗》《题张大同卷》《花气熏人帖》等等，后来均属弥足珍贵的国家一级文物。

黄庭坚在戎州从元符元年（1098）六月始，一直逗留到了元符三年（1100）十二月，寓居不足三年，却是他艺术人生的重要转折时期。可以说戎州（今宜宾）是黄庭坚悟笔长艺的发祥地，是山谷道人书法创作的分水岭。此一时期，黄庭坚诗文作品的数量虽不如以往，但其诗歌、词曲和书法创作都达到了其平生的最高境界，质量上大多属于留传后世的上乘之作。

获赦复官

宋元符三年（1100）之秋，在位13年，实则亲政仅6年的宋哲宗赵煦，纵欲过度，年仅24岁，就一病不起，且很快一命呜呼。哲宗因没有留下子嗣，遂以其弟端王赵佶继登大位，是为徽宗。继位之初，由宋神宗皇后向氏同分处军国重事，也即是年轻的徽宗即大位，向太后垂帘听政。

向氏作为神宗皇帝之后，由于年长夫君宋神宗赵顼三岁，加上相貌平平，当年不免倍受冷落。作为虚有"国母"之名，实则为深宫怨妇的她，对宋神宗倡导变法从不热心，加上自身的肚皮又不争气，眼睁睁看着朱太妃所生的皇六子立为皇太子，即后来的宋哲宗赵煦。母以子贵，朱太妃对不待见的向皇后也就有些唱唱反调的本钱和勇气。

也许是出于对以往朱太妃"万千宠爱在一身"的强烈不满，在后宫中闲置得有些心理变态的向太后，一旦大权在握即公然倾向旧党。初登大统的宋徽宗则是意气风发，改元为"建中靖国"。意欲标榜不偏不倚的所谓"大公至正"之道，以消除旷日持久的党争，达到天下大治。

宋徽宗登基之初，由于根基尚不稳固，不得不收敛张狂的个性，对向太后是言听计从。在这一特殊的时代背景下，一度由新党把持的朝政又悄然在发生变动。章惇因曾反对赵佶继位，被罢去左仆射的相位，蔡下也被罢去尚书左丞；旧党的韩忠彦（字师朴）被出人意料地起用为宰相。于是，元祐旧臣（元祐:反对新政的旧党及其成员）又被陆续起用和内调，文彦博、司马光等已故大臣33人被追复官职。

朝廷政治风向的再次改变，一向被打入旧党名册的黄庭坚的境况也因此有所改善。元符三年五月朝旨复其宣义郎，监鄂州在城盐税，并还所夺勋赐；十月复奉义郎，签书定国军节度判官；十一月任舒州知州。他虽然均因病没有赴任，但好消息接二连三地传来，黄庭坚自然是感到十分欣慰，并开始作离蜀东返的打算。

然而年逾半百、久经官场浸润的黄庭坚，虽然对徽宗即位之初的祥和气象有所期待，也写过"群心爱戴葵倾日，万事驱除叶陨霜。玉烛时和君会否？旧臣重叠起南荒。"（《次韵少激甘露降太守居桃叶上》）的赞颂诗，讴歌新朝新气象。但他对个人的命运转机和官职起伏早已看得很淡，认为垂暮之年不死于贬所，而且恢复了名誉和俸禄，已属不幸中的万幸，此外，夫复何求？所以，他对朝廷的授官之命一再推辞，只想先乘船东下芜湖，与兄弟们团聚后再另作它图。

儿大当婚　舐犊情深

既获放还之命，他用变卖了家产的银子，承租了一艘双桅江舟，准备扬帆东下。不料汛期提前到来，江水泛涨，三峡不能通行。于是，临时改变主意，到眉州青神看望姑母张夫人史氏。他携家人于元符三年（1100）八月抵青神，没想到竟成就了儿子黄相的一段姻缘。

话说前一年黄庭坚在戎州时，史氏（庭坚外兄张祺之妻）来乞作亡夫张祺墓志铭，顺便带来了黄庭坚好友江安令石谅提亲的意思。黄庭坚夫妇看过石家女儿的庚帖，虽是十分合意，但他想起当年与苏轼相聚在京师，时年4岁的小德与苏迈（苏轼长子）之女阿巽非常要好，他与苏轼有过指婚之约。现在尚未打听到老友的音信，不好贸然违约，只好把儿子与石家女儿议婚之事暂且搁置。

此番逗留青神，与石家所在江安相近，热心的史氏旧事重提。转眼一

四、壮年：文坛扛鼎

年多过去了，远在岭南的苏轼仍无消息，况且天各一方，要履前约几无可能。因此，黄、石两家一来二往，均乐意结为亲家，迎娶石家女儿之事自然列上议事日程。为此，黄氏父子在青神有过一段认真的对话。

父亲问儿子道："相儿，婚姻乃人生大事，重在两相情愿。在此迎娶石家女儿，与你完婚，不知意下如何？"

儿子回答："孩儿谨遵父命，多谢父亲大人成全。"

父亲又说："为父读圣贤诗书，天性洒脱开明，你不必拘泥于父母之命、媒妁之言的古训。如有不愿在此成婚之意，即请明言，为父与石伯伯商量好了，决不勉强从事。"

儿子答："石家官宦之家，与吾家门当户对。听姑婆说石家小姐貌美贤淑，儿自然乐意在此成婚。"

父亲笑道："既然如此，就在此迎娶石家小姐。吾意拜托你张家姑婆主婚，择定吉日举行婚礼。"

儿子满意笑道："谢谢哦，父亲大人！"

黄家在青神为黄相举办的婚礼，既简洁又热闹风光。

洞房花烛夜，萍水相逢的石姑娘与黄公子，均是二八豆蔻年华，在床头上玩起了过家家。新娘说："妾姓石，正巧与婆婆五百年前就是一家。"新郎道："除乳名小德之外，吾还有一'黄四十'小名，因吾父年近40岁才得子，老祖母特赐此小名。"

夜阑灯下，一对新人似乎越说越投缘。当谈到未来人生计划时，有些憨厚的黄相实话实说："往后打算做茶叶生意，读书做官最没意思，吾父颠倒一生，就是教训！"

黄相话音刚落，石小姐立马花容失色，连咒几声"蠢材"，即背转身抽泣不止，任黄相怎么好言相劝也无济于事。吓得从未见过如此场面的新郎慌了神，翻身下床扑通跪倒在床前，鸡啄米似的不停磕头道歉。

过了几个时辰，眼看天快要亮。石小姐就不该转头在指缝中偷看一眼，见黄公子仍木头似的站在床前，顿时也乱了方寸。初为人妇的她，哪里还禁得住这架势，立马缴械投降，下床扶起新郎，并再次温顺地投进了黄帅哥的怀抱。

133

旧时社会男尊女卑，女方既嫁从夫，当然指望男方读书仕进，婚姻所托的最理想结果是封妻荫子。石小姐原以为黄相官宦之后，博取功名顺理成章，不料老子英雄儿未必好汉。但见新郎一跪一站，也着实可怜。她只能是嫁鸡随鸡，嫁狗随狗了。

由于操办儿子的婚事，黄庭坚及家人意外在青神停留了近四个月之久，到年底全家才举船返回戎州。一路顺风满帆，黄庭坚夫妇见新媳妇甚是贤惠孝顺，小两口新婚之夜闹过别扭后，逐渐有说有笑、相处和睦，心中一块石头才算落了地。

黄庭坚一生坎坷，三娶妻室。发妻孙氏早逝，未有生育；第二任妻子谢氏，生女黄睦，亦过早亡故。他年近40岁时，才由再续弦的石氏生子黄相。黄庭坚仅生养一女一子，儿子和女儿都是他的心头肉，自然是疼爱有加。

在京城为官期间，女儿黄睦由苏轼牵线做媒，嫁与大画家李公麟的侄子时任舒城官吏的李彦明（字文伯）。

儿子黄相则向来受家人，尤其是黄老夫人的宠爱。自小就比较任性，不喜读诗书，从黄庭坚所记的黄相懒习书帖之事可见端倪。昨天，黄庭坚还把自己所作的《家戒》一文，郑重地交给儿子黄相。意在告诫子孙：家和则兴，不和则败。如今儿子已长大成人，娶了称心如意的媳妇，黄庭坚夫妇自然是乐观其成，几乎倾尽现有的能力，花光了全家原本就不多的积蓄，真是可怜天下父母心啊！

文星陨落

元符三年初冬，山谷全家又返回戎州。正准备接着举船顺江东下，获知四弟知命已于当年七月在荆州病逝的消息，心情刚有所好转的黄庭坚心情很是沉重，为调整心情，不免又在戎州耽搁了一些时日。

黄庭坚与四弟知命性格相差较大。知命长期跟随他南来北往漂泊，兄弟感情深厚。黄庭坚甚至认为在黄家众兄弟姊妹中，数四弟最为聪明伶俐。黄叔达生性豁达，洞悉世事，博学多才，一向不屑于科举仕进。黄庭坚还清楚地记得：当年自己在京师任史官时，有一次，四弟随诗友陈师道去拜

四、壮年：文坛扛鼎

访大画家李伯时。知命穿一袭白袍，骑驴子走小道，一路摇头而歌，路人无不惊为天人。一向自负的李伯时、陈无己与之一席夜谈，即表示心悦诚服。可惜自黔州作别后，离蜀东归的四弟竟在荆州一病不起而归天，黄庭坚想到四弟难禁老泪纵横。他知道四弟毕生在追求自由，向往无拘无束的生活，但他无法超越家庭境遇和社会现实。黄庭坚知道四弟是带着问号离开这个世界的，他的理想，他的追求，同样带有太多的问号！

直至时近岁尾，有戎州官吏李珍来相约拼船同行，黄庭坚才决意举棹东下。临别戎州之日，前来送别的亲朋好友、蜀中弟子等早已挤满了码头，直至顺风的船渐行渐远，依依不舍的人们仍在江边不停地挥手致意，因为大家心里都明白，此一去或将成永诀，彼此再无相见之期。

黄庭坚于建中靖国元年（1101）四月到达江陵（荆南），不幸背部患了毒疮，疼痛难忍，夜难入眠。经请当地一位名医医治，才摆脱了疾病的纠缠。不过，黄庭坚病后的身体十分虚弱，只好在荆南疗养。在此期间，他作有《病起荆州亭即事十首》，其中第七首专为怀念苏轼而作：

黄庭坚书法

> 文章韩杜无遗恨，草诏陆贽倾诸公。
> 玉堂端要直学士，须得儋州秃鬓翁。

自那年彭蠡匆匆一别，苏轼随即南下流转岭南之英州、惠州、儋州（今海南岛）；黄庭坚亦辗转入巴蜀之黔州、戎州。二人天各一方，音书时断时续，至今有好几年未见面了。出蜀东返的路途上，在朋友处得知苏轼遇大赦放还，黄庭坚十分高兴。那里料想得到，其诗作成不久，还未来得及像以往一样寄给师长指教，苏轼于当年七月二十四日在常州仙逝。

失去了这位终生仰慕的良师益友，黄庭坚心中万分悲痛。他请荆南一位有名的画师画了一幅半身东坡像，并悬像室中，每日晨起即上香敬拜，从此奉之终身。

苏轼辞世之后，黄庭坚用笔墨表达对挚友的沉痛的哀悼和深切的怀念之情。仅崇宁元年（1102）一年，此类诗文就达10余篇。是年暮秋，张耒以房州别驾、黄州安置身份贬到苏轼曾经谪居的黄州。这里与黄庭坚所在的武昌隔江相望，路程不远，有渡船来往便利，黄庭坚与张耒多次相约往来拜访。

苏门旧友重逢，感叹今昔，唱和诗篇，黄庭坚先后写了《次韵文潜》《和文潜舟中所题》《次韵文潜立春日三绝句》等诗歌，表达对苏门朋友别后重逢的期待，对已作古的故人的怀念之情溢于言表。

自从苏轼去世后，黄庭坚对仕途的升沉荣浮比以往更加淡漠，到荆南后，朝廷任命黄庭坚为吏部员外郎，还令他乘驿站递马赴阙，他以病体未瘥为由上书推辞掉了。黄庭坚这次不愿再赴京城为官，却奉诏书写了唐代韩伯庸的《幽兰赋》送达朝廷。（现存于河南叶县博物馆的《幽兰赋》石刻碑文，人言为黄庭坚晚年大字行书的得意之作，是我国书法史上的艺术珍品。）

黄庭坚曾在《戎州辞免恩命奏状》中说："天赋孤寒，百疾所攻，冒昧宠光，清议可畏。"身体状况不佳，当然是推辞任朝官的原因之一，但避免再度陷入党祸恐怕是更深层次的原因。所谓"清议可畏"就说到了点子上。出于这一心态，他请求"如太平州、无为军一处，实于私计为便"，用意是要求在芜湖附近任职，既可就近照顾家庭，又免得远途奔波，但他上的辞

四、壮年：文坛扛鼎

免状未被允准。随即他又上《再辞免恩命奏状》，言辞更为恳切。

恰在此时，又传来好友兼门下弟子陈师道病逝的消息。陈履常同样因党祸罢归，贫穷自守。后被召回京师，任官微位卑的秘书省正字，于建中靖国元年（1101）十二月二十九日病逝。据友人所述：当时正值侍祠南郊，天气严寒，他拒穿妻子从连襟（连襟：姐夫与妹夫的互称或合称）赵挺之家借来的皮裘，以至因冻寒起病，终至不治身亡。在此之前，另一好友秦观则坐党籍屡遭贬谪，由处州、郴州、横州而雷州，早在元符三年（1100）被赦北归，至藤州（今广西藤县）而病卒。

亲友多半凋零，本人疾病缠身，不祥的阴影总在他心头挥之难去。出蜀川以来，黄庭坚忧虑朝政不稳，变幻无常，他两度辞谢了朝廷的任命，沿大江上下往来奔波，辗转流寓于江汉流域。虽不乏友人的资助，但生活状况极不稳定，常有漂泊江湖、寄人篱下的感受。

到了崇宁元年（1102）初，不出黄庭坚所预料，朝政果然又发生较大的变化。右相曾布（字子宣，"南丰七曾"之一）进言"绍述"之说，为亲政预热的徽宗所接受，遂决定变更法度，改年号为"崇宁"，意为崇尚神宗熙宁变法之意。

宋徽宗是一位艺术天分极高的风流天子，绘画、书法及诗文均堪称一代大家。适合搞艺术的宋徽宗，玩政治却很是生分，时常突发奇想，尽做出一些不切实际的表面文章，岂不知形式主义害死人啊！

五月，蔡京入朝为尚书左丞，赵挺之为尚书右丞。老奸巨猾的蔡京之入朝，主要得力于宦官童贯（字道夫）的援引，进而打通了徽宗爱好收藏奇花异石、古董字画的门径，从此平步青云。利用徽宗的宠信，蔡京以私怨将宰相曾布排挤出朝，使这位真正首倡新法者反坐诬旧党之罪，其相位也很快由蔡京取而代之。从此蔡京与童贯、王黼、梁师成、朱勔、李邦彦（被称为"六贼"）结成同党，在朝中广植党羽，狼狈为奸，把"艺术天子"宋徽宗屏蔽在信息失灵的深宫之中。

崇宁元年（1102）之初，喜好预政的向太后去世，亲政的徽宗不再受任何制约，朝廷政局再次发生剧变。以蔡京为首的政客集团打着继承神宗皇帝变法大业的旗号，要将反对变法的旧党官员一网打尽。当时蔡京将官员列为正邪六等。凡支持新法的党羽被列为正等三类,随即一个个升官重用;而与其政见不同的旧党人士则列为邪等三类,一个个被贬逐或降官或免职。不久,又将元祐、元符年间以文彦博、司马光为代表的旧党人士共120人,全部列为元祐奸党、元符奸党,由宋徽宗赵佶御笔书写"奸党"名单,刻石立于端礼门外。

崇宁二年(1103),在蔡京等的极力唆使下,宋徽宗下诏将三苏(苏洵、苏轼、苏辙)、苏门四学士(黄庭坚、秦观、张耒、晁补之),以及范祖禹、范镇和刘攽等旧党人士的诗集著作列为禁书,在全国范围尽行收缴并销毁。

蔡京利用宋徽宗的昏庸而开始雷厉风行的政治整肃,主要指向是所谓旧党保守派,但包括与他有过节的章惇、曾布、陆佃(字农师,号陶山,陆游祖父)、张商英(字天觉,号无尽居士)、李清臣(字邦直)等新党激进人士亦不能幸免。最终经过过滤筛选,总共确定奸党人士309名。仍由徽宗亲笔手书,刻石立于文德殿东面墙壁。擅长打压政敌、创意百出的蔡京又亲笔书写大碑拓片颁行天下,并立石于诸州县监司长吏之厅,这即是历史上有名的"元祐党人碑"。

放浪江湖

朝政纷乱,官场腐败黑暗。黄庭坚虽名列"元祐党人碑",但因官职卑微,又远离是非之地,当政者黑爪暂时还未伸向他。身体状况有所好转后,黄庭坚于崇宁二年(1103)正月下旬,从江陵出发回分宁老家,这是他一生最后一次回久别的故乡双井探亲。

此次在家乡停留期间,黄庭坚一改以往居家较少出门户的习性。他利用在老家停留的有限时间,不停地探亲访友,拜访贤达。先是到县城看望了经营茶行的五叔黄羽的后人,还在堂弟新落成的黄氏祠堂小住了一晚。随后在外甥徐俯的陪同下,到何市乡探望了堂姐黄二姑,悼念了20年前在永乐城抗击西夏而壮烈殉国的堂姐夫徐禧。在《祭拜德占文中》称:"德占文足以弼亮天工,武足以折冲樽俎,识足以超万人之毁誉,量足以任百世之荣名。"

四、壮年：文坛扛鼎

按计划料理完家中大小事务，并抽空祭扫重修了父母的坟墓之后，黄庭坚即启程往萍乡探望时任萍乡县令的兄长黄大临。

为了节省路程时间，黄庭坚此次选择从陆路近道往萍乡。途经江南西路万载县时，山谷应邀寄宿在万载知名的广慧道场。在与一班念诵经文的和尚打趣后，黄庭坚乘兴作了一首题为《冲雨向万载道中得逍遥观托宿遂戏题》的幽默之诗：

逍遥近道边，憩息慰惫懑。
晴晖时晦明，谑语谐谠论。
草莱荒蒙茏，室屋壅尘坌。
仆僮偪侧似，泾渭清浊混。

此诗谓之戏题，有旅途自娱自乐的意思。全诗每一句均用相同的部首偏旁，以求文字上的巧妙配合。与之前在荆南所作的八首全以药名为诗句的诗作一样，没有多少实际意义，无非是做文字游戏，却反映了年近耳顺（耳顺：指代六十岁）之年的黄庭坚，历经人生的各种磨难后，仍不改豁达乐观的本性。

在萍乡县衙，兄弟俩自巴蜀相别后重逢，两人都十分高兴和激动。兄弟夜雨对床，遥念家乡，伤感于山河依旧，人事已非，昔日亲友大半凋零，黄氏兄弟夜不能寐，索性彻夜长谈，纵酒一醉。黄庭坚有《书萍乡县厅壁》记起事，文末感叹道："蛮中九年，白头来归，而相见于此，访旧抚新，悲喜兼怀，其情有不胜言者矣。"

大约在萍乡住了半个月，黄庭坚辞别可敬可亲的兄长大临，就近到南康拜会诗僧惠洪（字觉范，自号寂音尊者，北宋诗僧）。二人相交起自禅缘，这是两人在久别后的会面。黄庭坚反思前尘，自谓误在未明心地，自诩开悟，以为随缘不变，游戏人间，视酒肉一事无足轻重。二人作参禅诗相唱和，黄庭坚以居士身份谈其诗歌创作的体会："作诗正如杂剧，初时布置，临了须打诨，方是出场。"惠洪嘉其："无念为宗，识心见性，知性见佛。"此一晤为时两日，彼此通宵达旦座谈。后来惠洪有伪作黄庭坚赠其诗博名之嫌，受人所诟病，如实有其事，可见得道高僧，也有凡心未了之误。

作别时，得知去年黄庭坚把家眷暂安置在江州，惠洪执意要送黄庭坚入湘北上，一直送他至江州与家人团聚。两人出洞庭湖上陆路，途经新喻道中，眼看行程过半，山谷坚辞惠洪再往前送。于是，两人入一茶店品茗后作别。

独自一人继续前行，沿途看着农人收获早稻，山谷想起年少时在老家同哥哥到田里一起拾稻穗的情景，一首《新喻道中寄元明用"觞"字韵》的名诗脱口而出，其中"但知家里俱无恙，不用书来细作行"两句，看似随意道来，实则以质朴轻快的语言，道出了人到老年兄弟之间相见时难、别更难的深情！

九日知州

到达江州时，黄庭坚获知朝廷授予其太平州知州的消息。由于流转各地难以作持久计，他于六月领受太平州事，六月九日到任，同月十七日即被罢官。上演了一出在北宋官场不多见的任职仅九天的悲喜剧。时任太平州通判的高侍郎是"山谷九日知州"的现场目击者之一。

黄庭坚未到任前由高侍郎临时代理暂空缺的知州的职务。出于对黄庭坚的仰慕，高通判在先已获悉黄庭坚被罢免的消息后，不忍心立刻将罢官的公文交给他看，以免给最短暂的顶头上司当头泼一盆冷水。此后还为罢官的黄庭坚打点行装，高侍郎为人敦厚善良于此事可见一斑。

黄庭坚被罢官之后，在高通判的倡议下，州官衙门摆酒设宴为"九日知州"送行。为答谢众人的美意，黄庭坚即席赋《木兰花令》一首以表心境：

凌歊台上青青麦，姑苏堂前馀翰墨。暂分一印管江山，稍为诸公分皂白。江山依旧云空碧，昨日主人今日客。谁分宾主强惺惺，问取矶头新妇石。

这首酒宴上赋出的词作，看似自我调侃，实则道出了他突遭罢官的微妙心态。说到黄庭坚上任九天即被罢免之事，还得由之前发生的一件相关事情从头说起。

四、壮年：文坛扛鼎

话说黄庭坚离蜀东归至荆南江陵，当地有一寺庙名承天寺，住持僧智珠营建了一座七级宝塔，约请刚出蜀而旧地重游的黄庭坚履行之前承诺，为新落成的宝塔作记，黄庭坚即挥笔写下了《承天院塔记》一文。

文章一开头就追溯了作记的缘起。原来绍圣二年（1095）黄庭坚被贬去黔州，路经江陵，借住在承天寺中歇息。当时智珠欲拆除破败不堪的旧塔，并准备在原址上建一座新塔，相约届时一定请黄庭坚为之作记。黄庭坚当时笑言："作记不难，顾成功为难耳。"七年多之后，黄庭坚再来江陵，新建的七级浮屠已然耸立在寺后。住持智珠不无得意地对旧施主道："其难者既成功矣，其不难者敢乞之。"黄庭坚当天即履行前诺，洋洋洒洒写就碑记，并由工匠将《承天院塔记》刻石立碑于塔下。

恰巧江陵知府马某当日在承天寺宴请同僚，宾客酒后乘兴绕塔而行，看到山谷所书之碑文，一行人停下来观摩。碑文落款为"作记者：朝奉郎新任知州事豫章黄庭坚，立石者：承义郎知府事茌平马瑊"。不料寻常可见的一段碑文落款，竟引起了一班赴宴官员的关注，认为黄庭坚文章书法大家，萍水相逢非易事。

通判李植对住持智珠道："黄太史高才，文章妙绝天下，不想能在此见其文笔真迹。可否援引一见？"

智珠回答："黄施主恰在本寺，老衲正欲援引各位长官一见。"

于是众人来到黄庭坚下榻处。宾主一阵寒暄过后，与黄庭坚素不相识的转运判官陈举说："黄知州文章，风靡海内。某等愿记名不朽，可乎？"原来陈举希望在石刻题记中补上自己的名字，认为落款挂个名，乃区区小事。

"陈大人，刻石既已成，不便添补啦！"黄庭坚婉拒了陈举的无理要求，他本来就看不起沽钓誉之徒。

看似一件小事，心地狭窄的陈举却怀恨在心，认为黄庭坚太不给面子，心想着要伺机报复。他在与同来的提举官闲聊时，得知黄庭坚在德州时与赵挺之有隙，赵挺之此时又居宰执高位。于是一封有关黄庭坚《承天院塔记》"幸灾谤国"举报信，很快到了京城赵挺之的案头。弄得老赵在相府喜不自禁，无意间捏断好几根花白胡子，并自言自语道："饶你是孙猴子，也跳不出俺如来佛的手掌。"次日，即指使言官指控黄庭坚谤讪朝政，拟定把他除名羁管广西路之宜州（即削除名籍，罢免所任官职，交由宜州知州监管）。杀人不过头点地，老赵这一招也够狠的，仅一篇普普通通的文章，就可以无限上纲上线，差不多可置宿敌于死地。

朝廷的谪命尚未下达，无官一身轻的黄庭坚离开了太平州。也许为官一任只九天，遑论造福一方，连衙门里的官吏的脸面都未必认全，碰到熟人打招呼自己还真有些不好意思。于是，三十六计走为上计，他溯江而上，准备暂居"老根据地"——荆南。

流寓江汉

黄庭坚八月至江州，九月到鄂州，系舟武昌（今湖北鄂城）樊口。次日，应朋友之邀请，登上城西的樊山。该山灵泉寺附近有一座掩映在松林的松风阁，传说是三国时吴主孙权讲武修文、宴饮祭天的地方。

黄庭坚与朋友游兴甚浓，当晚下榻在灵泉寺。卧僧房，听松涛，思绪万千，夜不能入眠，他挥笔写下了一首名诗《松风阁诗》。大气磅礴的行书与超迈雄浑的诗境，历来令人由衷赞叹为传世绝品：

依山筑阁见平川，夜阑箕斗插屋椽。我来名之意适然。老松魁梧数百年，斧斤所赦今参天。凤鸣娲皇五十弦，洗耳不须菩萨泉。嘉

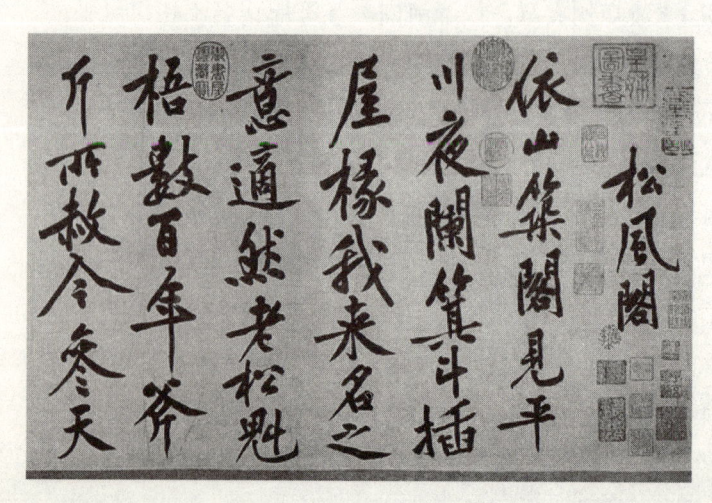

黄庭坚《松风阁》局部，现存台北故宫博物院

四、壮年：文坛扛鼎

南山崖——黄庭坚松风阁诗（摄影 戴祥福）

二三子甚好贤，力贫买酒醉此筵。夜雨鸣廊到晓悬，相看不归卧僧毡。泉枯石燥复潺湲，山川光晖为我妍。野僧早饥不能馈，晓见寒溪有炊烟。东坡道人已沉泉，张侯何时到眼前。钓台惊涛甜昼眠，怡亭看篆蛟龙缠。安得此身脱拘挛，舟载诸友长周旋。

黄庭坚一生创作了数以千百计的行书精品，其中最负盛名者当推此幅《松风阁诗帖》。可谓风神洒荡，不减《兰亭序》；笔势遒逸，直逼《祭侄文》，堪称行书之中的精品。《松风阁诗卷》又称天下第九行书，作于宋徽宗崇宁元年（1102）夏历九月。该诗卷真迹，宋时为向民所收藏，后归贾似道（字师宪，号悦生、秋壑，喜爱斗蟋蟀，著有《促织经》，是世界上第一部研究蟋蟀的专著），又迭经明项元汴（字子京，号墨，明代收藏家、鉴赏家）、清安岐（字仪周，号麓村）收藏，而入清内府，现珍藏于台北故宫博物院。

在鄂州逗留期间，为排遣心中的烦闷，黄庭坚时常与当地的文友结伴出游。有一天，贬谪黄冈的老友张耒来看望黄庭坚。久违的挚友暮年重逢，自然是欣喜异常，二人相约同游览著名的鄂州南楼。南楼位于武昌蛇山，史上屡废屡建。在南楼存续的数百年期间，历代的文人墨客慕名而来登楼赋诗者络绎不绝。

夏末的这一天,天气仍较炎热,然而登高临风,顿觉凉风扑面而来。黄庭坚乘兴作《鄂州南楼书事》四首,其中第一首为传世名篇(历代蒙学读本均选入此诗):

> 四顾山光接水光,凭栏十里芰荷香。
> 清风明月无人管,并作南楼一味凉。

这首诗描写的是夜间登楼眺望的情景。"明月"在诗中起了重要的作用:因为有朗朗的明月,才能在朦胧中看到难以区别的山水一色的景象,才知道闻见的花香是十里芰荷散发的芬芳。特别妙的是诗的后两句,本来只有清风送爽,可是因为皎洁的月光,它那么柔和、恬静,所以诗人觉得清风带着月光,月光就像清风,它们融合在一起送来了凉爽和舒适,也因此感知到悟彻人生的快意。

崇宁二年(1103)十一月,黄庭坚获宜州谪命。如前所述,他再次遭贬谪,完全是陈举为泄私愤,并假手赵挺之陷害所致。罗织的罪名正是在《承天院塔记》中"幸灾谤国"。陈举在原记中检索黄庭坚的一段文字为:

> 观天下财力屈竭之端,国家无大军旅勤民丁赋之政,则蝗旱水溢,或疾疫连数十州,此盖生人之共业,盈虚有数,非人力所能胜者耶。

联系上下文来看,黄庭坚文中之意是认为国家财力或消耗于军国大事,或多用于水旱灾害救助,用于修建佛寺庙宇有必要而不宜太多。就算鸡蛋里能挑骨头,也难以挑出"幸灾谤国"的意思。可见此事完全是陈、赵两人同流合污,强加"莫须有"罪名,是欲加之罪,何患无辞。黄庭坚因此获得的处分是"除名羁管",也就是革去官身,听由宜州官府指定地点、监视居住,只准低头认罪,不准乱说乱动。

五

暮年：羁管宜州

远赴谪地

宋崇宁二年（1103）深冬，寒风凛冽，雨雪纷飞。暮年远谪，归期难测，黄庭坚携家眷从鄂州启程，向遥远的岭南之宜州进发。

每出发远行时必赋诗一首，是黄庭坚多年养成的习惯，自谓以壮行色。其中一首《十二月十九日夜中发鄂渚，晓泊汉阳，亲旧携酒追送，聊为短句》诗曰：

> 接浙报官府，敢违王事程？
> 宵征江夏县，睡起汉阳城。
> 邻里烦追送，杯盘泻浊清。
> 只应瘴乡老，难答故人情。

虽然有亲戚朋友前来相送，但大抵被罢官羁管，总不是什么光彩的事情，熟人来多了，还得徒费口舌。黄庭坚有自知之明，临行匆匆，赶紧趁着夜色溜之大吉。

黄庭坚一行顺水下洞庭，日夜风雨兼程。船过洞庭湖，望水天一色，烟波万顷，不由得诗兴大发，并站上船头吟咏《过洞庭青草湖》道：

> 乙丑越洞庭，丙寅渡青草。
> 似为神所怜，雪上日杲杲。
> 我虽贫至骨，犹胜杜陵老。
> 忆昔上岳阳，一饭从人讨。
> 行矣勿迟留，蕉林追獦獠。

漫长的羁旅行役，加上囊中羞涩，一路难免有些郁闷，但自感比杜甫当年沦落到乞讨的境况还略好一些，他还想到了到岭南后与当地土著人追逐的情景，其乐观豪放的秉性依旧不改。看来厄运和困途，从来就难不倒一向乐天知命的黄庭坚。

五、暮年：羁管宜州

过洞庭湖湖后，又沿湘江到达潭州治所长沙。不料遇上大暴风雪，路不能行，一行人只好在长沙暂住歇息，以待天气转好，再赶路途。

除夕之夜，黄庭坚率一家10余口在旅店冷冷清清地过春节，自然是别是一番滋味在心头。妻子石氏暗使了些铜钱，临时上街买了些年货，借过旅店主人空出的厨房，为全家人异地过年做了一顿谈不上丰盛，但足以让大家难以忘怀的年夜饭。

聚餐过后，被感动得久难释怀的黄庭坚，把儿子、儿媳、女儿及随行的家人叫到跟前，郑重其事地宣布：正式给予出身低微的石氏以"夫人"的名分，要求儿女们从新年起叫石氏为"姆妈"、家人称"夫人"。此举感动得石氏眼眶泛红，动情地表示要与黄庭坚患难与共，在家主遭遇的困境中，一如既往地尽好做妻子和儿女母亲的双重职责。

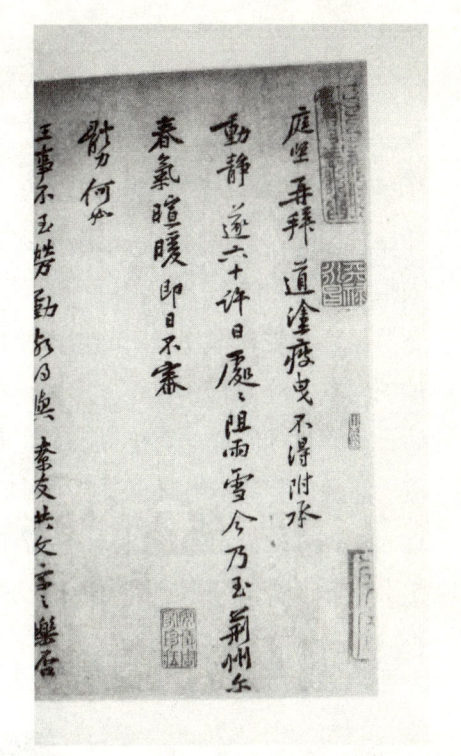

黄庭坚书法作品（摄影 戴祥福）

新年正月之初，黄庭坚按照习俗到长沙友人家拜年，巧遇秦观的儿子秦湛（字处度，号济川）、范祖禹的儿子范温（字元实，范祖禹儿子，秦观之女婿，吕本中表叔）。原来秦观于元符三年（1100）客死藤州，此番秦湛扶丧北归，范温就近在零陵等候，二人会合后一同抵达长沙，同样因遇大雪而滞留此地。

黄庭坚见到两位后辈，想起在京师与秦观同游苏门的往事，竟握着两位侄儿的手失声痛哭，随即以20两纹银相赠。

秦湛辞谢道："公方为远役，安能有力相及？且某归计亦粗办，愿复归之。"

山谷动情地说："尔父，吾同门友也，相与之义，几犹骨肉。今死不得预殓，葬不得往送，负尔父多矣。是姑见吾不忘之意，非以贿也。"

秦湛闻之，不能再推辞，黄庭坚为人之重义厚道，由此可见一斑。

苏门四学士中，词曲上有"秦七黄九"并称。黄、秦二人少年即相知，感情也最为深厚。前几年，黄庭坚在巴蜀贬所读到秦观词作《踏莎行·郴州旅舍》时，兴奋异常。没有想到老朋友经历诸多磨难，还能写出如此令人拍案叫绝的佳作。认为秦少游"此词高绝……语意极似刘梦得楚、蜀间语"，意思是说秦观在郴州贬所的创作，也像唐朝的刘禹锡一样，借鉴吸收了当地民间歌谣的语言艺术，才能取得如此成功。此后，苏轼在秦观客死藤州后不久，也读到他这首绝世名篇。对其尾末两句"郴江幸自绕郴山，为谁流下潇湘去"赞不绝口，并自书于折扇云："少游已矣，虽万人何赎？"对这天才词人的被迫害身亡发出了愤恨的怒吼！由此可见，苏门中人物在才学上的惺惺相惜和相互仰慕，以及彼此在交往中所结下的感天动地、生死不渝的真挚情义。

辗转路途

过了寒冷的正月，大地微微暖气吹。黄庭坚及家人沿着湘江南行，由潭州而衡州。在衡州，黄庭坚往南岳花光寺拜访了名僧仲仁（**字超然**），两人彻夜长谈，十分投缘。仲仁性爱梅花，画号称江南一枝梅。尝见夜月下梅影映窗，遂以画笔摹写，开创了以水墨画梅的南派技法，在北宋画坛上有很高知名度。

在花光寺，仲仁拿出前些年苏轼、秦观先后途径南岳留赠的诗稿，深情地回忆了当初接待苏、秦两大文豪的情景。黄庭坚目睹二贤手泽（**手泽：先人或前辈的遗墨、遗物等**），亦想起年初见到秦观子、婿扶灵北归之事，更是长吁短叹不已。

仲仁为黄庭坚画远山寒梅图一幅，黄庭坚为之赋诗一首，拟题为依秦观《和黄法曹忆建溪梅花诗》韵而作《花光仲仁出秦苏诗卷思二国士不可复见开卷绝》（集内注《卷十九》）：

五、暮年：羁管宜州

梦蝶真人貌黄槁，篱落逢花须醉倒。
雅闻花光能画梅，更乞一枝洗烦恼。
扶持爱梅说道理，自许牛头参已早。
长眠橘洲风雨寒，今日梅开向谁好？
何况东坡成古丘，不复龙蛇看挥扫。
我向湖南更岭南，系船来近花光老。
叹息斯人不可见，喜我未学霜前草。
写尽南枝与北枝，更作千峰倚晴昊。

黄庭坚身为逐臣，远走他乡，漫漫路途，难免寂寞。由于其曾为朝中馆阁太史，又以诗词和书法闻名天下，故沿途的州县官长多以礼相待。比如在衡州，与山谷素昧平生的知州曾慥文，欲求黄庭坚的书法墨宝，暗遣一美貌歌妓陈湘在酒席上调情。已然微醉的山谷招架不住美女的软磨硬泡，乘兴书写出《阮郎归·盈盈娇女似罗敷》一首，经陈美女现场调试新声，招来阵阵掌声。写得一首清秀柳体小楷的陈湘，勾起了黄庭坚的无限情思，于是，又挥笔写下一首《蓦山溪·鸳鸯翡翠》，博得满堂喝彩。也许陈湘优美的身段和曼妙的歌喉，加上略似发妻孙兰溪的长相，深深打动了旅途中的山谷，使之一复当年"骑马倚斜桥，满楼红袖招"的故态，那一晚酒量过人的黄庭坚，老夫聊发少年狂，竟然喝得酩酊大醉。后来他到达宜州，还曾作另一首《蓦山溪》寄给他暮年的红颜知己陈湘。

当然，黄庭坚作为羁管待罪之人，也难免遇上不愉快的人和事。比

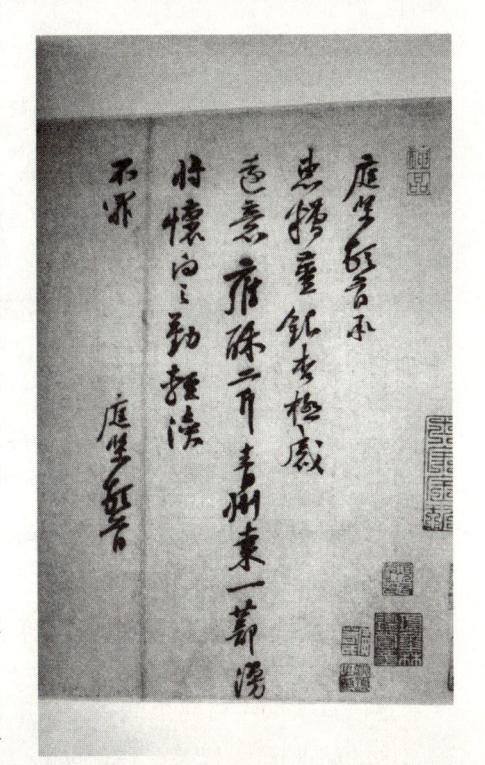

黄庭坚书法作品（摄影 戴祥福）

如在永州州治零陵县，与当地人士蒋湋（字彦回）的相识及引发的事件就值得一提。

蒋湋早年曾为太学学生，科场失意而归乡里，筑园自隐自乐，名其园曰"玉芝"。听说黄庭坚到了永州，蒋氏即以东道主的身份，热情邀请他到园中暂作歇息。看到之前蒋湋所作《玉芝园》一诗，黄庭坚乘兴追和一首。诗中叙述二人虽是萍水相逢，却有一见如故之感。蒋湋之诗已有永州知州丁注次韵的和作在先，黄庭坚的再和作在后，不料山谷的和诗一出，里中交口称颂。丁知州知道黄庭坚乃待罪之人，惧怕因此株连祸结，竟罔顾士人耻笑，连忙悄悄地将自己的诗作改动韵脚以示与黄诗有别。

另有一位叫侯思孺的州学教授，见到一位士人家的墙壁上有黄庭坚的题词，即命此人将字迹全部刮掉才肯罢休。

上述两件令黄庭坚难堪或蒙羞之事，只能说是林子大了，什么样的鸟都有。好在蒋湋为正人君子，不惧官方施压，连日留宿并追随黄庭坚左右，个人收藏黄庭坚诗文书法有二百余幅之多。

后来南宋著名诗人杨万里（字廷秀，号诚斋，与陆游、尤袤、范成大合成"南宋四大家""中兴四大诗人"）曾为蒋湋作《蒋彦回传》。正是有赖于这篇传记，宋代永州之野一位难得的正直耿介之士的事迹，才没有湮灭于历史的尘埃。杨万里的传记中还写到了自己后来慕名到零陵造访蒋氏"玉芝园"的情景。当时蒋湋已作古多年，物是人非，昔日豪华庄园变成荒草萋萋，陪同而来的蒋湋之子蒋观言回忆往事道：

> 山谷美丈夫也，今画者莫之肖。观言年十五，在旁见其喜为人作字及留题，吾乡人士日持缣素以往，几上如积，忽得意，一扫千字。一日访陶豫。豫置酒，且令人泛除其堂之壁。先生曰："何为者？"豫离立而请曰："敢丐一字为宠光。"先生曰："诺。"酒半酣，起索笔，大书，下语惊坐。今亡矣，且忘其词。

这段真实而不可拷贝的传记文字，惟妙惟肖地记录下了黄庭坚在晚年逆境中的精神状态，以及已臻化境的书法技艺。至少还间接佐证了两个问题：一是黄庭坚长相酷似其母，中等身长，皮肤白净，五官轮廓俊朗分明，

五、暮年：羁管宜州

应是得益于其父母，尤其是母亲优良基因的遗传。年轻时为帅哥，年老仍可称美男子。因为后来南宋的赵构皇帝十分喜爱黄庭坚的诗文、书法和称颂其为人，当时所画的黄庭坚肖像肯定有所润饰，即便如此，亲眼见过黄庭坚的蒋观言仍认为，所有的画像都不如山谷本人帅气，用今天流行的话说，就是黄庭坚真人靓过画像，长得是帅呆了。

二是人们之所以对偏远荒蛮之地的永州耳熟能详，就是因为唐柳宗元所写的名篇《捕蛇者说》。推想到了宋朝，世代在此以捕蛇为业的蒋氏后人，也许大都转行搞文化产业了。所以，听说名列天下书法"四大家"的黄庭坚途经永州，争先恐后的前去索书求诗，弄得黄庭坚下榻之地的书案上缣纸堆积如山，日日应接不暇。好在黄庭坚为人豪爽，又看在蒋漳的面子上有求必应，为永州人留下了大量价值连城的墨宝，至少可以确保蒋氏后人，如遇上"苛政猛于虎"的年代，或许不必像他们的祖先一样冒险去与剧毒无比的"异蛇"打交道。

黄庭坚原打算携家眷到桂州安置，然后再只身赴宜州，但家人一再坚持要陪同他到宜州，就像在蜀中时一样祸福同当，患难与共。不料那一年盛夏天气特别炎热，一行人行至零陵酷热难当，女眷中有好几人中暑患病。情急之下，黄庭坚采纳女儿黄睦的建议，将家眷暂安置在零陵，托付时任县令的女婿李彦明、友人曾公卷代为照管，待他到宜州安顿好后，再设法接家眷前往。

山谷安顿好家眷，一路出永州之境，沿着湘江西行，再折向南；经全州，四月，他路过桂州治所桂林。桂林山水甲天下，美不胜收的景致，令人遐想的旖旎风光，似乎使黄庭坚忘记了羁旅之苦，贬谪之忧。由此他在此风景绝佳之地停留多日，并多了一个自喻的"八桂老人"的别号，还诗兴大发，写下《到桂林》诗一首：

桂岭环城如雁荡，平地苍山忽嶒峨。
李成不在郭熙死，奈此百嶂千峰何。

"八桂老人"认为桂林山水如此幽静美丽，相比著名雁荡山也是有过之而无不及，可惜北宋著名的山水园林画家李成（字咸熙）、郭熙（字淳夫）

已死去，还有谁来描绘这百嶂千峰呢？相传此一行，黄庭坚在桂林游览了不少风景名胜。桂林市内榕湖旁有一株古榕树，是他当年系舟的地方，后人在此建有榕溪阁，又称榕树楼，遗址在今榕荫亭处。

崇宁三年（1104）五月中旬，历经千山万水的艰难跋涉，年近花甲的"八桂老人"黄庭坚，终于抵达其人生旅途的最后一站——宜州。

初抵宜州

宋时的宜州治所为龙水（今广西宜州市），一座群山环抱中的小城。龙江自西向东宛然擦城而过，向称古百粤未开化的瘴蛮之地。

黄庭坚旅途劳顿之后，在城郊寻租了一清静之所暂住。南宋周必大《跋曾无疑所藏黄庭坚晚年帖》文中曾提到：

> 五月初，道由桂林，题名于行勋太师榕水阁。是月十八日至宜，有赁黎秀才宅子手约，今刻石秀峰中。

以上所说租约刻在岩石上的"黎秀才宅子"，就是黄庭坚到宜州最初租赁的居所，位于城西龙溪之畔。也许有秀才身份的房东黎某懂得黄庭坚书法有无限增值的潜力，故郑重其事地把黄庭坚手书的租赁合同镌刻在石岩上。可惜经历近千年的风雨侵蚀，此一有据可考的古迹已渺无踪迹。据说还有一张黄庭坚手书的租赁房屋的账单，也因同样的原因刻上石崖，现同样已无迹象可寻。

抵达宜州贬所之初，黄庭坚想象在蜀中一样，找一处较为清静之地安身。他似乎忘了自己此时的身份与上一次贬谪蜀中有所不同，因为这一次他是属"戴罪编管"之人，不能擅自租住黎秀才的宅子，即不得擅自脱离官府监控范围。果然，住下还不到三个月，当地官府下文书勒令其搬回城中。他只好在城南另租了一处房屋居住，名之为"喧寂斋"。

第二处居所虽起名"喧寂斋"，实则是只"喧"而不"寂"。因为这里靠近集市，市贩叫卖声嘈杂纷乱，黄庭坚却能在闹中求静，泰然处之。诚如其《题自书卷后》所述：

五、暮年：羁管宜州

  虽上雨傍风，无有盖障，市声喧愦，人以为不堪其忧，余以为家本农耕，使不从进士，则田中庐舍如是，又何不堪其忧邪？既设卧榻焚香而坐，与西邻屠牛之机相直，为资深书此卷，实用三钱买鸡毛笔书。

  也许担心"喧寂斋"人多嘴杂，不便管理，当地官方又责令黄庭坚再一次搬家。好在他孑然一身，随身物品只有书箱一个和几件换洗衣服，东搬西挪倒也方便。最后，迁移到宜州南城门戍卒更楼的小房子里，新来乍到的"八桂老人"才算有了一简陋的安身之所。

  上述《题自书卷后》的题记，披露了山谷不以得失萦怀的超脱心境，穷且不失其正直文士气节的襟怀。由此还可知，此时书法技艺炉火纯青的黄庭坚，由于贫穷困顿，在生命的最后一段时日，竟然是用再平常不过的三文钱的劣质毛笔，创作出大量惊世的书法艺术绝品。

  也许的自感于生命来日无多，黄庭坚到晚年有了记日记的习惯。到宜州后还将所写日记一一编排整理，起名为"宜州家乘"。因为崇宁四年（1105）岁次乙酉，故又称《乙酉家乘》

  春秋时晋国人称其国史为"乘"，故后来有人沿"乘"代称国史。将日记称之为"乘"，黄庭坚则是中国历史上的第一人。

江西修水黄庭坚纪念馆侧门（摄影 戴祥福）

这部日记不仅留给后人研究黄庭坚的信息良多，而且对宋代宜州的经济、文化、教育、军事、宗教、地理、物候和气象等诸多方面的情况都有所反映，具有极高的史料和史学研究价值，无怪乎山谷先生要将它称之为"家乘"。虽名之为"家乘"，今天我们将之称为"州乘"也似无不可。

黄庭坚贬谪宜州期间的行迹，最好的记录当然是他写下的《宜州家乘》。今所存传的《家乘》起自当年正月初一，迄于八月二十九日，其中有闰二月，五月份缺二十至二十四日，共五天；六月份无记，总记共230余篇。后人借此可窥见黄庭坚晚年颠沛流离和最后岁月之清晰的轨迹。

兄长探望

一代文豪黄庭坚贬谪宜州，作为州衙的最高长官——宜州知州党光嗣（字明远）不便一开始就来看望治下的编管的"罪臣"，对黄庭坚初来乍到受到排挤一事亦毫不知情。直到崇宁三年（1104）十二月二十七日，机会终于来了。放心不下二弟庭坚的黄大临，相约好友彭次公结伴从永州来宜州看望黄庭坚。

党氏作为一郡之长，他不仅亲自来到黄庭坚寓所，而且还兴师动众地带来几乎所有同僚下属，表面上来看是给黄大临知县的礼遇，实际上他约束部下、善待黄庭坚之意不言自明。据《家乘》记载，其后的三月七日至十日的连续四天之中，党知州都派人给黄庭坚送来有名的含笑花，或两枝，或三枝，礼轻而含义重，表达了党氏对黄庭坚的敬重和关怀之情。

可惜好人不长于世，到同年八月三日，党光嗣不幸因病而卒于任所。黄庭坚在《家乘》中沉重表达了悲痛之情，并为之作墓志铭与遗表，以及写下《代宜州郡官祭党守文》。山谷之文书写得字字情真、句句意切。由此也可推想他们之间的相知相近，绝非泛泛之交可比拟。

宜州州治龙水，乃一边远之地的小城。消息闭塞，民风淳朴，最高长官党光嗣放个响屁，转瞬间就会传遍全城。也许正是党氏对黄庭坚的格外礼遇，等于为黄庭坚在当地做了深度宣传广告。当地及周边的士子文人才得以知道：罪臣之身的山谷老人，原来是天朝贬谪下界的"文曲星"。于是

五、暮年：羁管宜州

纷纷表示自己是有眼不识泰山，争先恐后前来请益和求教。一段时间之后，在宜州境内若不知山谷老人姓甚名谁，在士人之中就会很没面子，甚至难以在宜州文化界登堂入室。

宜州士人对山谷先生亦十分崇敬，除了求教请益，他们还经常给先生送去食物和药物，使身在异乡的黄庭坚也能感受到朋友关爱，不是亲人胜似亲人的温暖。

逆境中的黄庭坚，为人诚恳、慷慨大方。到宜州之初，有一叫王溉遄的当地文士，为儿子筹办婚事，曾向黄庭坚借用了九千贯钱，当时连借条都未打一个。事后王氏似乎忘记了欠债还钱乃天经地义之事，碍于情面的黄庭坚过后又不好意思追还。还是由于兄长黄大临到来，在黄庭坚朋友处得知此事后，不顾弟弟的再三劝阻，通过当地的一位朋友帮其追回拖欠的九千贯钱。据说那位帮着追债的朋友的一席话，说得王溉遄很不好意思，当即找到黄庭坚当面如数还钱，并附加了一大堆权当是"利息"的道歉。

这一席无确切史料记载的讨债话大抵是这样说的："喂，哥们，找黄太史借钱跟拦路抢钱有何区别？他一个遭放逐之人，无任何经济来源和收入，自身生活尚且朝不保夕，吃饭全靠亲友接济。你一张口即借走九千这么个大数目，而且还想拖欠不还，这无异于在乞讨人口中夺食呀！此事如何处理，悉听尊便，要记住一句话：人在做，天在看！"

倘若承认以上推理还原算是八九不离十的话，你就得承认古人的"思想政治工作"的威力，比后人的花架子官腔要实用而有效得多，可谓是一语中的，难题迎刃而解。

黄大临的到来不仅带来了永州家人平安的信息，也大大地改善了黄庭坚在宜州的待遇和所处环境。黄氏兄弟感情深厚非比寻常，用感天动地来评说也不为过。黄大临放着宜州驿站好好的"星级"官舍不住，非要挤在城楼狭小的戍卒更楼里与二弟同枕共眠。

兄长大临在宜州停留期间，兄弟俩时常结伴出游，他们一般是绕城而行。先后攀登了城前城后的南山和北山；秉烛探访了翠岩幽洞，还双双到过城西佛寺洗温泉，并与当地的老僧、乡民话桑麻、拉家常，论佛事。由于心情逐渐好转，虽是释家带发居士，黄庭坚倒是不受佛门清规戒律的约束，继在戎州开了酒戒后,他又在宜州开了肉禁,并自我解嘲为:"酒肉穿肠过,佛祖心中留!"

快乐的时光总是易消磨,转眼间黄大临的官假已满期,兄弟俩最终离别的时刻还是来临了。《家乘》记载二月五日,"诸人置饯于崇宁(寺),"次日复"与诸人饯别元明于十八里津",席上黄庭坚提笔赋七律《宜阳别元明用觞字韵》一首:

> 霜须八十期同老,酌我仙人酒醴觞。
> 明月湾头松老大,永思堂下草荒凉。
> 千林风雨莺求友,万里云天雁断行。
> 别夜不眠听鼠啮,非关春茗搅枯肠。

这首诗采用的"觞"字韵,是黄氏兄弟之间相唱和专用的诗韵。山谷此诗写得缠绵悱恻,读之令人泪下。据作者自注:"术者言吾兄弟皆寿八十。"因此在临别之际兄弟举杯相约,期待着暮年能同老故乡,守望相随。由此也自然想到了家乡的风物,但鸿雁断行似的生离死别,又使人长夜难眠。诗人预感到有生之年兄弟恐难再聚首了,算命先生的算卦吉签不过如画饼充饥,从来当不得真的。实际上此次相别,也是黄氏兄弟之永诀。

到了第二年,由于对人特别友善,又喜结交朋友,与当初贬谪蜀中一样,黄庭坚在边远偏僻的宜州成了人气指数王。大批量的"粉丝"求见,令他应接不暇。其中有一位"骨灰"级的是一叫余若著的官吏。他让两个儿子跟随黄庭坚学习一段时间后,认为黄庭坚就是天上的"文曲星"下凡,全家人对黄庭坚的才学佩服得五体投地。据岳珂(字肃之,号亦斋,南宋文学家)《桯史》卷十三载:

> 若著倅宜州日,因山谷谪居是邦,慨然为之经理舍馆,遂遣二子滋、浒从之游。时党禁甚严,士大夫例削札扫迹,惟若著敬遇不怠,率以夜遣二子奉几杖,执诸生礼。一日携纸求书,山谷问以所欲,拱而对曰:"先生今日举动,无愧东都党锢诸贤,愿写范孟博一传。"许之,遂默诵大书,尽卷仅有二三字疑误。二子相顾愕服。山谷顾曰:"《汉书》

五、暮年：羁管宜州

固非能尽记也，如此等传，岂可不熟！"闻者敬叹。

岳珂的记述不单是反映黄庭坚渊博的知识和惊人的记忆，更重要的是反映了黄庭坚毕生所努力追求的人生境界。《汉书》中记载的范孟博，即东汉时名臣范滂，以反对宦官专权误国而留名青史。

黄庭坚小时候喜读《汉书》，范滂就是他心中最为崇拜的偶像之一。无独有偶，苏轼从小也视范滂为心目中的英雄。据苏辙《亡兄子瞻端明墓志铭》所载：东坡九岁时，其母程氏教他读《后汉书·范滂传》。小东坡抬头望了望母亲，问道："妈，我长大后做范滂这样舍生取义的人，您愿意不愿意？"母亲回答道："你若能做范滂，难道我不能做范滂的母亲吗？"东坡于是"奋厉有当世志"，遂成北宋一代名臣和文坛盟主。

黄庭坚与苏轼可谓同声相应，早在少年时就将《范滂传》背得滚瓜烂熟。在其暮年的逆境中，以如椽之笔大书特书之，显然是自励，也是明志。表露其内心对邪恶政治势力的决不妥协，即便身处逆境，也要像范滂一样大义凛然，从容面对。他一生屡次遭受党锢之祸，也确实做到了像范滂一样坚守道义，始终不亏大节。黄庭坚在宜州所书写的作品除《范滂传》外，还有《李白忆旧游诗》《致齐君牍》《朝夕相会帖》《致德与贤友札》等，均是黄庭坚晚年不可多得的书法艺术精品。

范寥追随

宜州是黄庭坚人生旅途的最后一站。在总共不到一年半的谪居时间里，他是在寄住的南楼简陋小屋度过生命中的最后一段岁月。

也许是天意安排终难违，落难之中遇福星。在黄庭坚生命进入倒计时之际，有一位关键性人物出现了，他就是传奇人物范寥（字信中）。黄庭坚在戎州时与其有过书信往来，两人曾几度相约在蜀中谋之一晤，均出于阴差阳错的原因而未能如愿。

说起范寥其人，他还真不似一般"嫩"字写在脸上的初出茅庐的后生。这位年轻的"老江湖"之所以千里迢迢到宜州来陪伴黄庭坚，除了对黄庭坚盖世才学的由衷仰慕之外，还因为他十分同情黄庭坚坎坷遭遇，他要为长期受奸佞迫害的黄庭坚打抱不平。

范寥为人负才任侠，豪放不羁。他本是蜀中富家子弟，年少时不幸父母双亡，从叔父处分得一笔不菲的家财，因接济朋友和施舍穷人，仅一个月就把钱财花光了，故早年以"败家子"之名见称乡里。长成后，读书不怎么用功的他曾参加乡试，竟然考到成都府第二名，后赴京师考进士试落榜，颇为自负的范寥从此淡了功名之心。落泊中不堪一妓院老鸨的勒索，愤而失手杀人。为逃脱人命官司，遂隐姓埋名，潦倒浪迹江湖间。后投奔时任越州知州的翟思，求为书吏。翟思见他书法精妙，赞其笔墨有本朝大书家黄庭坚之风韵。

范寥此时虽不曾见过黄庭坚尊颜，却大言不惭地以山谷弟子自居。翟思之子翟公巽熟悉江湖路数，见机对父亲说道："我看此人眼眸贼亮，决非泛泛之辈，不妨打探一下他的底细。"一问之下，范寥具实以告，再问他研习何经，他答以治《易》《书》二经。算是经学行家的翟思出五道难题考问，他稍加思索即一挥而就，可谓是笔走龙蛇，文理高妙。翟氏父子惊为天人，留侍左右，并对其恭敬礼遇有加。

几年之后，翟思告老返乡。临行时将范寥安置在州学中，并为其储一笔钱放在州学教授处，嘱咐教授分期付钱给他，以免其一天就把钱花得精光光。回乡不久，翟公即收到教授来信说：自从范寥来到州学，搅得州学内鸡飞狗跳，秩序混乱，鄙人不堪其忧，只好违诺把钱一次性全部给了他。范寥拿了钱已不知去向。爱才的翟思不禁摇头叹息。

没过多久，翟思仙逝。灵堂里突然闯进一不速之客，掩面大哭，痛不欲生。翟家人大吃一惊。翟公巽想此人必是范寥无疑，出来一看，果然是他。见其如丧考妣（考妣：古代称已死的父母，父死后称"考"，母死后称"妣"）哀痛之状，全家人很是感动，并挽留他住下，好吃好喝地供着养着。不料，几天后的一个早晨，翟家人发现家中不少的金银器皿竟不翼而飞，范寥又失踪了。按费衮（字补之）《梁溪漫志》的说法是："遂径往广西见山谷，相从久之。山谷下世，范乃出翟氏金银器皿尽货之，为山谷办后事。"

由上述可知，范寥乃浪迹江湖的神龙见首不见尾之辈。他平时不怎么

五、暮年：羁管宜州

读书，好比人家都揣着大学毕业证在找工作了，他还在啃"人之初，性本善"之类的蒙学读物，但令人不解的是，他经史子集无所不通，还考过成都乡试第二名。范寥赤条条一身无牵挂，常常是来无踪去无影，敢作敢为，路见不平，拔刀相助，确有点江湖侠客的做派。

忘年之交

一般来说，谪居僻地的异客最难熬之事，非生活之艰苦，亦非生存环境之恶劣，而恰恰是举目无亲、形单影只的孤独、寂寞。哥哥黄大临离去后，范寥又接踵而至，对即将步入人生终点站的黄庭坚来说，可谓不幸中的大幸。因为行侠仗义的范寥的到来和相伴，的确给黄庭坚的最后岁月增添了不少难得的乐趣。

范寥的不约而至，黄庭坚自然大喜过望，就像是崎岖山道上的无助的攀登者，正在气力不济的迷茫之际，突然遇上了仙人指路。黄庭坚与范寥异地相逢，两人意气相投，性格契合，很快就结成为无话不谈的忘年交。这一老一少天天形影不离，在一起吟诗作对，弹琴下棋；在一起参禅礼佛，研讨学问。二人时常结伴游山玩水，吃则同坐，睡则同卧，俨然是一对形

黄庭坚纪念馆园中即景（摄影 戴祥福）

影不离的亲父子。

自范寥来到黄庭坚的身边后，黄庭坚的心情明显好转，在宜州的交游活动也明显增加了。这肯定与范信中的善于交际、社交活动能力强有很大关系。

比如当年的五月十五日，知名文士欧阳佃夫来到宜州，就是由于范寥的介绍，黄庭坚与素昧平生的欧阳氏成了好朋友。范寥有意识地引见一些新老朋友来宜州与黄庭坚交游，使他的生活圈子顿时活跃起来了。

又如第二天，经范寥的鼓动策划，当地名士李元朴在郭全甫的东轩置酒，举行所谓消夏夜诗歌笔会。包括黄庭坚、欧阳佃夫等在内的出席宴会的名流共 22 人，如此人多势众的文化人士雅集，在边远山区的宜州是不多见的，说是破天荒的头一回也不为过。

阔别家乡，远离亲人，独在异乡为异客的黄庭坚，落泊时能生活在这浓浓的友情氛围中，无疑是不幸中的万幸。因为有朋友相聚能排遣孤独的痛苦，饮酒放纵能冲淡内心的愁云。

崇宁四年（1105）的重阳节，范寥以黄庭坚的名义在南楼寓所举行宴会，答谢宜州各方人士对山谷的关照和优待。酒过三巡，黄庭坚即兴作《南乡子》词一首：

诸将说封侯，短笛长歌独倚楼。万事尽随风雨去，休休，戏马台南金络头。

催酒莫迟留，酒味今秋似去秋。花向老人头上笑，羞羞，白发簪花不解愁。

这首词是黄庭坚在宜州所创作的最后一首诗词作品，也可以说是其生平的绝唱。词作上阕忆昔历史风云人物，在转瞬即逝的时光中，不过如过眼云烟，风流总被雨打风吹去。下阕拟花为人，似乎是作者在自嘲，偌大的一把年纪还要簪花自娱自乐，却又不能解忧愁，因为人生苦短，预感到自己快要走到了生命的尽头，可谓万事皆休。令人有些不解的是，黄庭坚似乎未卜先知，在从容地等待死亡的到来。

五、暮年：羁管宜州

生命终了

崇宁四年（1105）秋，一度被打入深渊的元祐党人的政治命运似又出现了转机。在朝中正直言官的一再呼吁下，朝廷九月诏党人贬谪者量移内徙。

倘若不做皇帝应可成为绝代艺术大师的宋徽宗，为了粉饰危机四伏的天下之太平，玩起了把艺术的想象力嫁接到政治领域的把戏。他下令又是铸造九鼎，又是制大晟乐，还下诏大赦天下。前后贬谪差不多10载的黄庭坚，也在被赦之列，拟由偏远的宜州移至其家眷所在的永州。

在交通闭塞、信息传递落后的北宋，朝廷的诏令从汴京传送到宜州尚需时日。可惜黄庭坚未接到诏令，即在宜州因病与世长辞了。其忌日为：崇宁四年（1105）九月三十日。按照中国传统的虚跨一岁的算法，享年应为61岁。

在民间俗称"秋老虎"仍在发威的时日，宋朝最耀眼的文曲星之一就此陨落，脚上似乎带着潇潇秋雨送来的一点清凉，黄庭坚就此结束了在人世的艰难跋涉。

综合分析各种史料可看出，黄庭坚在逝世前，缠绵病榻时间不长，身体也没有出现任何不适的征兆。崇宁四年九月九日重阳节他还登楼饮酒赋诗，此时距他的死不过短短的二十二天。如果说北宋时期绝无当今能要人命的"假酒"的话，那么，按照现代的医学诊断分析，黄庭坚之死显然是猝死，疑似心脏病例，喝酒也许只是引发潜伏病症的诱因之一。

关于黄庭坚之死，时人及之后的南宋文人均有过不少的记述，有各种不同的说法。比较靠谱的还是陆游在《老学庵笔记》卷三的一则记载：

居一城楼上，亦极湫隘，秋暑方炽，几不可过。一日忽小雨，鲁直饮薄醉，坐胡床，自栏楯间伸足出外以受雨，顾谓寥曰："信中，吾平生无此快也。"未几而卒。

陆游是南宋的大文豪，在中兴"四大诗人"中排名居首。他没有必要借黄庭坚之名而自提身价，故他的上述记载可信度当无问题。据此可以推断，黄庭坚的死因淋雨而感冒，又因感冒而引发心脏病并随即去世。

从《家乘》有关疾病的记述中，还可看到黄庭坚一些平日未察觉的隐藏深层的病因。如二月二十九日："累日苦。合定志小丸成。"三月十日："心悸作气顺丸成。"所谓"心悸"实则是心脏病的前兆，现代医学称为"心律不齐"。

黄庭坚粗通民间医术，故以上所述的自制的两种药丸均是针对心痛症状的，对延缓已出现的病情可能会有一点疗效，但绝无药到病除的神通。其实，在此之前他已隐现出心脏病症状。如在戎州给友人信中曾说道："所苦心痛不作（《答戎帅王补之》）""比时苦心痛"（《答李长倩》）等等。此种迹象表明，黄庭坚之死源于古今健康杀手之一的心脏病。

隆重葬礼

逝者长已矣，生者何恻恻。一代文豪黄庭坚的死讯，在交通闭塞和信息传递缓慢的北宋，无论是朝廷，还是暂安置在永州的黄庭坚家人都要过一段时间才能获悉，但在边远的宜州小城，却是一件足可惊动全城，以及远近百姓很快能家喻户晓的大事。

黄庭坚撒手西去的当日，州吏余若著及两个儿子余滋、余浒在第一时间赶到了南楼。一阵难过悲泣之后，在范寥的提议下，四人一面商讨着如何为黄庭坚治丧；一面开始清点老人的遗物。

时间过不多久，闻讯而来的宜州现任李知州，思立寨的孙彦升、德谨寨的秦靖、普义寨的邵革等三个知寨，以及黄庭坚生前好友数十人，都先后赶到了南楼小屋沉痛哀悼黄庭坚，与其遗体告别，把本来就狭小的南楼小屋内外挤得水泄不通。

在人满为患的城楼通道上，由李知州召集众人商议黄庭坚治丧之事。众人七嘴八舌讨论一阵后，一致认为黄庭坚是本朝首屈一指的诗文、词曲、书法大家，如今在异地他乡突然辞世，是大宋朝难以挽回的重大损失。尽管黄庭坚尚属放逐羁管之臣，但宜州为偏远避地，无须理会朝廷的陈规旧律，州官衙门拟尽快将黄庭坚死讯讣告四方。鉴于老人临终时孤苦伶仃、举目

五、暮年：羁管宜州

修水双井，黄庭坚墓地。
（摄影 戴祥福）

无亲，而且生前清贫自守，死后身无长物，要求大家踊跃捐款捐物，为老人治丧办理后事，而且一定要办得风风光光，让死者走得有尊严，让生者铭刻在心中。

诗文大家黄庭坚的葬礼，按照宜州的地方土俗，在城西关崇宁寺门场前隆重举行。临时搭建的灵堂中间安放着黄庭坚的灵柩，正上方悬挂着画僧仲仁亲笔所画的黄庭坚水墨画像，灵堂前面上方张挂着据说后半句是山谷遗言，由范寥书写的"斯人兮西去矣，魂魄兮归故里"的巨额横幅；两侧立柱上挂出相传是余若著父子共同创作敬献的一副挽联：

  谪粤同时亦有人，缘何定国宾州、淮海横州，不及先生绵俎豆；
  作神此地原非偶，恰似龙城柳子、潮阳韩子，能令边徼化诗书。

此副情真意切的挽联一出，受到了众人的一致推崇和赞赏。它巧妙地把黄庭坚与同时代的文学大家王巩（字定国，自号清虚先生，北宋诗人）、秦观相比较，道出此二人也曾贬谪岭南两广之地，却没有像黄庭坚一样受到当地民众深深的推崇和怀念，原因就在于黄庭坚为宜州的教化竭尽心智，不遗余力，以致当地百姓将他奉若神明，与前朝的韩愈（字退之，世称"韩昌黎"，又称"韩文公"）、柳宗元（字子厚，世称"柳河东""河东先生"）同受香火祭祀，历百世而不绝。

随着司仪一声"默哀——起鸣"的吆喝，人们向灵柩行过三鞠躬大礼之后，现场擂花鼓、敲边锣、奏竹乐与鞭炮齐鸣，哀声雷动。特别是边寨土人集体合唱的哭灵歌，悲悲切切，近似放声哭号，把葬礼的气氛推向了高潮。

参加丧葬礼的亲属、友人和宜州民众汇成的人流依次绕灵柩三圈，再次行拜别礼。然后是八仙起灵（起灵：将停放在灵堂的灵柩抬起运走），人们列队跟随主司僧走出寺前广场，目送山谷灵柩暂厝（暂厝：人死后浅埋以待改葬或停柩待葬，谓之暂厝）崇宁寺内的祭祀堂。

黄庭坚的葬礼的规格之高、场面之大和参与人数之多，在宜州有史以来不敢说是后不见来者，但前不见古人是毋庸置疑的。可以说是做到了令黄庭坚亲属、当地官府、生平友好和宜州百姓四方面均满意。从湖南赶来参加黄庭坚葬礼的蒋湋、苏坚一再表示，作为山谷的好友，待条件和时机成熟，他们一定会遵照山谷生前所托，护送山谷的灵柩回归分宁双井故里。

《家乘》疑案

一代文豪客死宜州之事，在当地举办了隆重的葬礼。然而，对于处在风雨飘摇之际的朝廷来说，不过如一滴雨点洒落在大江大河悄无声息，激溅不起一圈涟漪。

山谷葬礼后的几天，在以黄庭坚之子黄相名义举办的答谢宴会上，黄家直系亲属包括遗孀石氏、孝子黄相、孝女黄睦及夫婿，一一拜谢了各位亲朋好友，并借敬酒之机，与众人一一道别，因为从明天起，除当地人士外，外来的多数人将陆续启程返乡，各奔东西。

临别之际，范寥说出一件难堪之事，令行将出发的众人不得不滞留下来。大家都想等候事情尽快有个明白的了断，以洗刷人人可能背负的嫌疑。

"诸位，告诉大家一个不好的消息。山谷先生仙逝之日，由于人多手杂，先生珍贵无比的《家乘》遗墨竟不翼而飞，肯定被人趁乱取去了。也怪我疏忽、

五、暮年：羁管宜州

保管不善啊！"范寥据实相告又自责不已。

"哎呀！如此重要的先生遗物竟丢失了，可否报官？"众人差不多是异口同声问道。

"当日即已报官，州衙着余若著、余大人查办此事。"范寥如实回答众人的发问。

"诸位稍安勿躁，此事至今查无下落。如果那位宾客顺手拿了，现在交出来都好说。否则，被查出来，大家面子上都挂不住。"已升任通判的余若著说话自有些分量。

黄庭坚像

《宜州家乘》的丢失，在当时即引起了轩然大波。因为第一时间参加葬礼的人，都有"顺手牵羊"的嫌疑和可能作案时间。经余若著率人反复查办，甚至一一检查出席葬礼的每一个人的行李，《家乘》仍是下落不明，当年此一案件无果而终。

对于《家乘》的丢失，时人及后世的人们有各种各样的说法。较多的猜测是范寥有重大作案嫌疑，推测的依据是范寥是山谷临终第一目击者，有充足的时间和条件乘机下手。过往又有偷盗前科，难以排除一时见财起意的可能。当然，也有人认为，范寥千里南下追随逆境中的山谷，完全是出于对黄庭坚的崇拜，一开始就毫无所图。后人他与黄庭坚情同父子，如果他看中了《家乘》，即便当面向黄庭坚索要，也不难达到目的，有何必要冒风险去偷盗或藏匿而据为己有呢？

对于上述种种疑点，从南宋时起就有不少学者试图做出考证分辨，而且大都是围绕范寥的传奇身世和《家乘》失而复得之谜两则事例来展开的。无论是王明清的《挥麈后录》、曾敏行的《独醒杂志》，还是地方志类的《京口耆旧传》卷五《范寥传》《广西通志》卷八十六《迁客》，说到范寥的经历除年代和辈分上稍有差别外，都提到了其侠士似的传奇人生和抵宜州从游山谷之义举,这一点正好证实了费衮《梁谿漫志》中有关范寥的传奇经历并非空穴来风。

疑点最关键之处是《家乘》的失而复得。一些学者认为有过"盗窃"前科的范寥,肯定懂得黄庭坚书法的极高价值和升值潜力,其所作所为实有监守自盗的重大嫌疑。清人鲍廷博在将《家乘》收入《知不足斋丛书》时,在跋语中就说:"是罗(大经)所谓唐生者,即范(寥)之讹,而《漫志》(梁谿)为得其实也。"以治学严谨称名的鲍氏认为罗大经错将范寥为"唐生",尤其是"后百余年"的说法,乃是他"未见版本"的缘故。

另一清人叶廷琯在《吹网录》中《山谷<宜州家乘>非原本》条目推测所谓"唐生",疑即《家乘》中提到的"唐次公",而"二月以后不复见其名"。叶氏认为传世的《家乘》很可能经过范寥的篡改,如"自其(范寥)三月到宜之后,略不齿及唐、蒋二人名,其中不能无疑。盖寥本倾险之士,细味其序文前后诸语,及以窃逃翟氏银器事揣之,《家乘》之失,当即寥所藏匿,而托言他人持去,其藏匿者正为作计削去唐、蒋之名,独擅其美。故事阅三十年,又托言友人录寄而刊板。曰'录寄',明非原本,此以避时人索阅山谷手书,且可意为粉饰,争名之心,至此可为极巧,而亦极苦矣"。

到了南宋初期,《家乘》神秘的重现于世。由此可见,当时参加黄庭坚葬礼的人员中,肯定有一人趁乱做了手脚。此位"梁上君子"应为一识货的文化人,懂得山谷遗墨的不可估量的市场价值。

《家乘》当时是如何丢失和被人盗取的,已是一桩永远解不开的历史疑案。窃以为,既然后来《家乘》已失而复得,真迹重现于世,从史学研

江西修水山谷墓园(摄影 戴祥福)

究的角度来说，丢失的损失已趋近于零，也早已无必要史海捞针，做无用之功。

魂兮归来

话说苏坚、蒋湋赴宜州办完黄庭坚的丧事之后，两人结伴返回永州。当致仕回乡的黄大临，从苏坚处得知二弟黄庭坚的死讯，已距黄庭坚逝世二十多天了。据《分宁县志》载："初闻丧讯，元明极尽哀痛，几番立仆，憔悴不堪。"从黄大临与黄庭坚一世兄弟深情可以想见，黄大临几次昏死过去的凄惨情景。当年之初，大临致仕之前，还专程到宜州探望了二弟，兄弟俩还在遥远的异乡痛痛快快相处了数天，并相约待来年二弟羁管期满北归，大临还要亲自来迎接，老哥俩好携手同归双井家乡，终老田园。如今年长四岁的大哥已如约归老田园，不料二弟却已撒手人寰。

惊悉二弟的死讯，黄大临如遇雷电一击，瞬间天旋地转，立刻昏倒在地。黄家人在慌乱中救醒昏厥的黄大临，他神情恍惚，欲哭无泪，嘴中不停念叨着二弟的名字。暮年突遭重创，黄大临精神崩溃，万念俱灰。由于连日茶饭不思，睡不安眠，原本身体还算硬朗的他，竟一病而卧床不起，苦苦熬到当年深冬之际，在双井家中病榻上与世长辞，享年65岁。

修水老城风貌

江西修水县城一角

黄庭坚、黄大临兄弟的相继离世，等同于维系黄家的两根顶梁柱的坍塌，分宁双井黄家从此一蹶不振，再难复往日的辉煌。

宋徽宗大观三年（1109），也就是黄庭坚在宜州逝世四年之后，按照本人生前的嘱托，黄庭坚的灵柩由好友苏坚、蒋湋千里迢迢护送回故乡，于当年盛夏抵达分宁双井村。

是日，修河双井明月湾畔烈日高照，人头攒动，河岸上鼓乐阵阵，鞭炮齐鸣。在临时搭建的祭台周围，早已是里三层外三层地挤满了汗流浃背的人群。由分宁县衙大小官吏、里中缙绅、山谷亲友、文人学子，以及数以千计的分宁百姓构成的扎堆人群，一大早就等候在双井明月湾码头，迎接他们心目中有史以来最杰出的伟人和乡贤回归故里。

黄庭坚的灵柩在众亲友的簇拥下，由所谓"八仙"踩着"德顺锣"步点，缓缓地被抬下船舱，径直抬送到河岸人群中央的祭台上。接着是披麻戴孝的黄家亲属上台哭灵和向众人行跪拜答谢大礼。在鸡鸣寺住持悟顺率众僧念过还愿经、做过法事后，主祭的分宁县令李自明邀请苏坚、蒋湋上祭台同行三鞠躬大礼，并代表分宁官衙向二位护灵回归之义举表示诚挚的谢意。最后，由黄庭坚年少时曾就读的双井书院的一众学子列队上台，齐声朗诵师生集体创作的《哭祭山谷魂兮归来文》：

呜呼，修之水兮色悠悠，泉鬵沸兮在中流。公往来兮于井井，灵

五、暮年：羁管宜州

在溪兮月在岭。公井井兮往而来，麟翩斓兮风赔腮。修有鲜兮，匪鳣匪鲔；饮有茗兮，匪浆匪醴。修水盘兮渝石鼎，香之思兮泳之永。公欲去兮何傍徨？乘白云兮达帝傍；达帝傍兮何所为？世代之思兮，修河之水长。恸哉，悲哉，伏维尚飨！

简短而隆重的迎灵仪式之后，黄庭坚的灵柩被安放在预定的双井黄氏祖墓之西。陵墓坐北朝南，依巍巍杭山而临修河明月湾，是黄家人精心选择的一处风水宝地。从此，客死异乡的黄庭坚紧密依恋着他深爱的母亲，长眠于故土，听松风，饮甘露，与故乡宁静祥和的田园风光相依相伴，百祀千龄受人景仰。

从黄庭坚在宜州逝世到四年后回归分宁故里，上述的丧葬之礼和安放灵柩仪式，之所以能举办得场面宏大和风光无限，也许是因为宜州和分宁均是山高皇帝远的偏僻之地，当政者的视角难以触及。人们出于对黄庭坚的仰慕而自发地悼念、缅怀这位杰出的文学巨擘，也即是说有关黄庭坚的葬礼和移灵都是非官方或者说非为官方所默许的。因为对于蔡京等"六奸"当时把持的朝廷来说，黄庭坚仍是名列"元祐党人碑"的有罪之身，其诗文著作、词曲、书法手迹、碑刻都在禁止之列，甚至大部分被查封销毁。

直到南宋建炎（1129）三年四月，宋高宗赵构下诏解除元祐党禁。由于宋高宗本人十分崇尚黄庭坚的诗文和人品，尤其是喜爱其书法作品，时距黄庭坚逝世二十四年之后，终于推翻了强加给黄庭坚身上的种种不实之词，恢复了黄庭坚的所有名誉。

到了绍兴元年（1131），朝廷特追赠其直龙图阁，加太师，官子孙各一人。诏黄庭坚之子黄相赴行在，不想至荆渚而病亡；后由黄睦之子进士李仲康特补将仕郎。

到了宋恭宗德祐元年（1275），黄庭坚又被太常寺议谥为"文节"，后世遂又称他为黄文节公。按古人《谥法》所载"道德博文曰文,能固所守曰节"的说法，黄庭坚之谥号上下句各占一字，评价不可谓不高，有学者甚至认为是千古一人而已。此外，一度被禁毁的黄庭坚著作被重新搜罗出版发行，行情节节看涨，身价扶摇攀升，真可谓是三十年河东，三十年河西呀！

话说回头，有点历史常识的人都知道到黄庭坚逝世之时，宋徽宗统治下的北宋正处在走向覆灭的前夜。外敌入侵引起的民族矛盾和农民起义引发的社会矛盾格外尖锐，社会和文化的震荡格外强烈。

在行将走向末世的政治大气候下，才高八斗、贤良正直和不善于玩弄权术的黄庭坚，必然要被汹涌的历史大潮所抛开，最终成为一位无可奈何的观潮者。他的过早离去和坎坷起伏的一生，当然与他个人恃才傲物的文人性情紧密相关，但更与时代的震荡和矛盾紧紧相连。因此，黄庭坚之生不逢时，又鲜明地反映了时代特征，反映出北宋王朝行将就木与僵而未死之际的殉道者注定的历史命运。

历史上王朝兴亡交替的经验反复证明：奸佞小人得势，犹如自寻掘墓人；贤良忠臣被逐，恰似自毁长城。这往往是与末世王朝相伴而生的一出活报剧，既有曲折起伏的情节，也有入情入理的结局。距黄庭坚之死仅短短的二十二年，曾经盛极一时的北宋王朝，就在强大金人的铁蹄践踏下而走向了覆灭。

也许是命运之神的安排，也许是历史的巧合，一代诗派宗师黄庭坚出生于江西分宁，逝世于广西宜州。据《宜山县志》记载，当初黄庭坚刚羁管宜州时，就有术士曰："宜字乃直字有盖棺之义也。鲁直其不返乎？"一年多后，这个拆字先生的测算竟得到了应验。

黄庭坚辞世和归葬故里后，许多宜州民众尤其是读书人仰慕怀念他，

五、暮年：羁管宜州

在他病故之地小南楼上造亭建祠，亭内供奉他的木刻像。1177 年，宜州太守韩璧上任伊始，即慕名前来视察小南楼，凭吊山谷先生。他认为小南楼太狭隘，不宜祭祀，遂主持在城外另建了山谷祠。

1208 年，黄庭坚的豫章同乡张自明任宜州教授摄州事，又在黄庭坚到宜州时最初居住过的黎氏居址上建龙溪书院。书院辟有龙溪书堂、藏有山谷旧像的藏书阁和衣冠墓。每年的春秋时节，书院都祭祀山谷先生，以山谷先生为榜样勉励后学之士。龙溪书院历经元明清三朝及民国，始终办学不辍，为宜州培养了人才，承续了文脉，这就是黄庭坚在宜州的价值所在，也是文化的价值所在。

山谷祠、黄庭坚衣冠墓、黄庭坚画像石刻、山谷路，这几个关键词，没有一个不与江西诗派鼻祖黄庭坚在宜州的日子息息相关。非常可惜的是，到 1978 年 5 月，因为当地一家工厂扩建职工宿舍，将具有七百多年历史的山谷祠拆除，致使不可复制的大量文物被损毁。1986 年，宜州市在会仙山南麓重建山谷祠和衣冠墓。2005 年，鉴于该祠年久失修，宜州市又在会仙山南麓今址重建了山谷祠。

尽管往事越千年，然而黄庭坚晚年在这里走过的一段精彩艺术人生，仍然在感动着无数的宜州人；山谷祠中袅袅升腾的轻烟、不绝的祭祀香火，表明人们不会忘记他，永远纪念他，表明一代大文豪黄庭坚的英名，永远铭刻在宜州人民的心中。

黄庭坚年谱简编

1045 年（宋仁宗庆历五年乙酉）1 岁
　　六月十二日降生于洪州分宁县高城乡双井里故居
　　次年六月十二日满周岁，在黄家屋堂"抓周"令众人称奇。

1051 年（皇祐三年辛卯）7 岁
　　以神童见称乡里，世传七岁作《牧童》诗。

1052 年（皇祐四年壬辰）8 岁
　　在双井私塾就读，作《送人赴举》诗。

1058 年（嘉祐三年丙申）14 岁
　　父黄庶殁于康州任所，黄家生活限于困顿。

1059 年（嘉祐四年己亥）15 岁
　　从舅父李常游学淮南。

1061 年（嘉祐六年辛丑）17 岁
　　在淮南遇孙觉，娶其女孙兰溪。

1063 年（嘉祐八年癸卯）19 岁
　　与兄黄大临同应乡试，夺洪州乡举第一名。

1064 年（宋英宗治平元年甲辰）20 岁
　　以乡贡进士赴京应礼部试，意外落第。

1066 年（治平三年丙午）22 岁

　　再赴洪州乡试，又夺第一名解元，受主考官李询称赏。

1067 年（治平四年丁未）23 岁

　　再赴礼部会试，登第三甲进士第，拟任汝州叶县尉。

1068 年（宋神宗熙宁元年戊申）24 岁

　　从京师返分宁，携家眷赴叶县上任，九月到汝州，因迟到被镇相拘禁月余。

1069 年（熙宁二年己酉）25 岁

　　在叶县任县尉，逢河北大灾，作《虎号南山》《流民叹》等诗哀民生之多艰。

1070 年（熙宁三年庚戌）26 岁

　　在叶县，七月初二日，元配孙氏不幸病逝。

1072 年（熙宁五年壬子）28 岁

　　参加四京学官考试，策次优等，被录任北京国子监教授。自此留任北都近八年，诗文创作进入第一个高峰期。

1078 年（元丰元年戊午）34 岁

　　任职北京。始寄书苏轼并附上《古诗二首》。东坡和诗并回书大加赞赏，苏、黄自始订交。期间娶继室谢氏，并多从岳丈谢景初游。

1079 年（元丰二年己未）35 岁

　　仍任北京学官。二月十二日，续弦之妻谢氏因病去世。

1080 年（元丰三年庚申）36 岁

任北京学官两届期满，赴京师吏部改官，得知吉州太和县。是年南下赴任，途经舒州，游三祖山山谷寺石牛洞，乐其山水幽静之境，因自号山谷道人。

1082年（元丰五年壬戌）38岁

在太和任县令。四月，下乡访窗民间疾苦，足迹遍布边远山区。作《登快阁》等诗，诗文创作进入第二个高峰期。年底纳石氏为妻室。

1083年（元丰六年癸亥）39岁

在太和任内，因贯彻新法不力，与上司关系不睦。十二月，移监德州德平镇。工作调动之隙，返分宁家乡。

1084年（元丰七年甲子）40岁

是年春，从分宁往德州进发，过扬州、泗州等地，夏秋间抵达任所。妻石氏生子黄相。

1085年（元丰八年乙丑）41岁

在德平任内。四月，以秘书省校书郎见召，六、七月间抵京师任职。

1086年（宋哲宗元祐元年丙寅）42岁

在京师秘书省任职。十月，除《神宗实录》检讨官、集贤校理。入苏轼门下，与秦观、张耒、晁补之、钱勰、刘景文等相唱和，以诗文、书法称名天下。

1087年（元祐二年丁卯）43岁

任职京师史局。正月，司马光荐其为著作佐郎。

1088年（元祐三年戊辰）44岁

任职京师史局。是年春，苏轼知贡举，选推黄庭坚等为参详官，锁试院中多题画唱和，诗文创作进入第三个高峰期。

1089 年（元祐四年己巳）45 岁

任职京师史局。是年夏，苏轼出知杭州。山谷失离挚友诗伴，作诗遂少。

1091 年（元祐六年辛未）47 岁

任职京师史局。三月，修进《神宗实录》，本拟擢拔起居舍人。受中书舍人韩川等谏阻，诏行秘书省著作佐郎。六月，母黄夫人李氏逝世，哀痛异常。

1092 年（元祐七年壬申）48 岁

是年正月八日，持母丧抵分宁老家，去职丁忧守制。

1093 年（元祐八年癸酉）49 岁

是年二月，葬母于家乡台平祖域，并在母墓旁搭墓庐守制。九月，服除。

1094 年（绍圣元年甲戌）50 岁

是年春，授知宣州、鄂州，皆未赴任。六月，管勾亳州明道宫，勒令开封府界居住，就近报国史院取会文字。适逢哲宗亲政，斥逐旧党人士。十二月，谏官上疏指斥《神宗实录》失实，类多附会奸言，遂贬官涪州别驾，黔州安置。

1095 年（绍圣二年乙亥）51 岁

是年正月，与兄黄大临从陈留启程赴贬所。四月二十三日，达黔州，寓开元寺摩云阁，与兄长含泪而别。同年秋，弟黄叔达携亲属抵黔团聚。

1097 年（绍圣四年丁丑）53 岁

在黔州贬所。始设帐授学，与当地文人雅士多相过从。

1098 年（元符元年戊寅）54 岁

是年三月，外兄张向提夔州路常平，以避亲嫌故，移戎州安置。六月，抵戎州，寓居城南一寺庙。

1099年（元符二年己卯）55岁

在戎州贬所。开酒戒，与黄斌老、杨皓等相过从和酬唱，诗文创作进入第四个高峰期。

1100年（元符三年庚辰）56岁

在戎州贬所。三月，弟叔达离蜀归江南，在荆州去世。五月，宋徽宗即位。起复宣德郎，监鄂州在城盐税。七月，自戎州至眉州青神探望姑母。十月，改奉议郎，签书宁国军节度判官，均未赴任。为儿黄相完婚。十一月，自青神返戎州。十二月，从戎州启程出蜀。

1101年（宋徽宗建中靖国元年辛巳）57岁

是年三月，至峡州，改知舒州。四月，抵荆南，寓居至年底。七月，闻苏轼卒于常州，悲从中来，作缅怀诗数首。

1102年（崇宁元年壬午）58岁

是年正月，发荆州，返家乡分宁双井里。探望兄长大临于萍乡县任所。五月，到江州与家人相聚。六月初九日，领太平州事，九日而罢。八月，复至江州。九月，又抵鄂州寓居。

1103年（崇宁二年癸未）59岁

寓居鄂州。管勾洪州玉隆宫。转运判官陈举秉承执政赵挺之风旨，摘山谷在荆州所作的《承天院塔记》数语，以为幸灾谤国。遂贬斥岭南宜州，去家万里。十二月十九日，自鄂州赴贬所。

1104年（崇宁三年甲申）60岁

是年初，过洞庭湖，经潭州、衡州、永州、全州、桂州等州，沿途诗文会友，创作多幅传世书法精品。同年春，抵达宜州。十二月二十七日，兄大临到宜州探望，作《宜州家乘》详记行迹。

1105 年（崇宁四年乙酉） 61 岁

在宜州贬所。一月十六日，于龙江十八里津饯别兄大临，自知暮年永诀，悲痛伤怀，作《宜阳别元明用觞字韵》诗。同年九月三十日，在宜州贬所逝世。